走进先贤普及读本

无为老子

管梅 ◎ 编著

中国社会出版社
国家一级出版社 ★ 全国百佳图书出版单位

图书在版编目(CIP)数据

无为老子 / 管梅编著. — 北京:中国社会出版社,
2012.1(2022.6重印)
(走进先贤普及读本)
ISBN 978-7-5087-3731-7

Ⅰ.①无… Ⅱ.①管… Ⅲ.①老子—生平事迹—
通俗读物 Ⅳ.① B223.15-49

中国版本图书馆 CIP 数据核字 (2011) 第 229343 号

出 版 人:浦善新			终 审 人:张铁纲	
责任编辑:魏光洁			助理编辑:刘海飞	
责任校对:马潇潇			封面设计:天之赋设计室	
出版发行:中国社会出版社			地 址:北京市西城区二龙路甲 33 号	
邮政编码:100032			编 辑 部:(010)58124851	
网 址:shcbs.mca.gov.cn			发 行 部:(010)58124868	
经 销:新华书店				
印刷装订:北京华创印务有限公司			开 本:155 mm×225 mm 1/16	
印 张:11			字 数:116 千字	
版 次:2012 年 1 月第 1 版			印 次:2022 年 6 月第 3 次印刷	
定 价:39.80 元				

中国社会出版社微信公众号

中国社会出版社天猫旗舰店

走进先贤普及读本编委成员
（按姓氏笔画排序）

编委会主任：万伯翱

编委会副主任：石 英　施 晗　魏光洁

委　　　员：王 伟　王 芳　石 英
　　　　　　龙 妍　李桂娟　刘 斌
　　　　　　刘巧巧　亦 农　陈晓燕
　　　　　　施 晗　高 杰　管 梅
　　　　　　魏光洁

目录

引言 老子小传 001

第一章 老子其人

老子出世 001
聪颖少年 010
智降青牛 016
枣树姓李 022
李耳看桃 025
走亲访友 029
卖牡丹花 031
追乞丐说 033
学水处世 037
舌存齿亡 041

第二章 圣人传说

赴周求学 046
知己不易 049
最早老师 052
李耳架桥 055
图书馆长 059
孔子问礼 061
聘送挽幛 067
理论县官 069
高论生死 073
李耳得道 076

第三章 《道德经》问世

- 老子炼丹 080
- 李耳祝寿 086
- 治国烹鲜 087
- 再授孔子 090
- 论养生经 094
- 《道德经》传 098
- 点化子居 102
- 有用无用 105
- 函谷著书 108

第四章 由人到神

- 老子墓地 111
- 圣人辞世 115
- 无道无亲 126
- 德善德信 134
- 见素抱朴 137
- 智者圣人 141
- 老子散丹 145
- 石匣传说 150
- 如意下凡 156
- 聃观楼台 163

老子小传

老子是我国春秋时期最伟大的思想家之一。据西汉历史学家司马迁的《史记》记载，老子是春秋时期楚国苦县厉乡曲仁里人，姓李，名耳，又称老聃，为周朝的守藏室之吏，相当于管理王室藏书的官员。据道教的史料记载，老子诞生于农历二月十五日。老子的思想，主要保存在他的著作《道德经》中。老子的在世年龄，也是一个悬案，"盖老子百有六十余岁，或言二百余岁"；老子之所以长寿，《史记》认为是"以其修道而养寿也"。

司马迁在《史记》中还列了一个关于老子后人的简单的家世表。老子的儿子名宗，在魏国当过将领；宗的儿子叫注；注的儿子叫宫；宫的玄孙叫假，假曾在汉孝文帝时期当过官；而假的儿子解曾任汉代一个诸侯王（胶西王）的太傅。据《庄子》

无为 老子

记载，老子的弟子有柏矩、庚桑楚、阳子居等人。而曾问学于老子的人则较多，如崔瞿、士成绮等。其中最著名者当为孔子。而真正传老子之学的有关尹、庄周、列御寇等。司马迁就认为，庄周之学无所不窥，然其要归本于老子之言。《吕氏春秋·不二篇》也指出，老聃之学贵柔，关尹之学贵清，子列子之学贵虚。由此可以看出，他们三者的思想是一脉相承的。

《道德经》不仅是中国文化史上的一座丰碑，也是人类文明宝库中的一颗智慧明珠。

近代以来，《道德经》已被翻译成数十种文字，在世界各国流传。许多外国哲学家、科学家、政治家、企业家都对老子的思想深感兴趣，并从中受到启发。

老子的思想在外国企业界也获得了重视。正当中国的企业界加快学习西方先进的管理技术时，西方的企业家们也加速了吸纳中国传统文化精华的步伐。《老子》的顺其自然、无为而治的管理思想和有无相生、虚实相资、祸福依伏的辩证思维被许多企业家灵活应用于领导艺术和经营之道中。

此外，老子的"道法自然"思想所蕴涵的生态智慧、老子的反战思想等，也受到了世界各国有识之士的普遍重视。

老子所著《道德经》的核心思想是"道"。在中国文化史上，"道"的最初含义就是我们所走的路。《说文解字》说："道，所行道也。"后来含义逐渐扩大，自然与人事所遵循的路径（规律）皆称之为道，遂有天道、人道之说。至老子，始将"道"提升为一个最高的哲学范畴。老子之"道"，兼有宇宙的本原、万物存在的根据、自然界和人类社会所应遵循的规律等多重含义。自从老子赋予"道"以如此至高无上的地位以后，"道"就成了中国文化中最重要的概念之一。

两千多年来,哲学家、政治家、军事家、文学家、科学家乃至普通老百姓,纷纷从《道德经》中汲取智慧。一部《道德经》,在中国历史上产生了重大而深远的影响。

在先秦时期,先后有杨朱、列子、庄子等继承和发展老子思想,从而形成了道家学派。战国中期,在齐国的稷下学宫,聚集了一大批学者,史称"黄老学派"。他们将老子与传说中的黄帝结合起来,实际上是按老子的道家思想塑造黄帝的形象。

《道德经》是中国古代哲学家取之不尽的思想源泉。可以说,在中国古代自先秦以来,几乎没有哪个哲学家没有读过《道德经》,没有从《道德经》中受到思想启迪。

《道德经》对中国古代文学艺术也有深远的影响。受老子崇尚自然思想的影响,魏晋南北朝文坛盛行田园诗、山水诗。他们将纯洁的自然与混浊的社会对立起来,在诗歌中热情赞扬回归自然、忘情物外的生活。著名诗人陶渊明称自己辞官隐居是"久在樊笼里,复得返自然",他流连于田园山水中,"采菊东篱下,悠然见南山"。陶渊明还根据老子关于"小国寡民"的思想,在《桃花源记》中描述了一个民风淳朴,不受礼法刑政的桎梏,人人自食其力的理想社会。

老子关于"大音希声""大象无形"的论述则分别寄寓了音乐和绘画的最高意境。白居易《琵琶行》描述一曲终了时候的感觉是"此时无声胜有声"。清代画家笪重光在《画筌》中说:"虚实相生,无画处皆成妙境。"

老子关于有无相生、崇尚自然的思想,对于中国的传统建筑艺术有深刻影响。老子关于崇尚自然的思想,则规范着中国传统建筑原则。中国传统的园林建筑,处处体现出"师法自然"的理念,高处建阁,峰回路转处设亭,临水为榭,僻静处造馆,

无为
老子

以至于叠山、垒石、引水、聚池、架桥、开路、围篱、设门等，无不是人工建筑活动与自然环境具体结合的产物。这些园林，使人们虽然置身于人造环境的有限空间中，却别有天然环境的无限情趣之感。

《道德经》与中国古代养生方法也有密切的关系。老子关于"道法自然""少私寡欲""柔弱不争""知止知足"等思想，是历代养生家所尊奉的生活态度。老子关于"致虚极，守静笃""守中""守一"等主张，成为静功养生的指导原则。老子关于"玄牝之门"的论述，则在道教内丹学中发展成为"玄关一窍"的理论。老子关于"谷神不死""长生久视之道"的论述，更成为道教徒追求长生成仙之道的理论依据。而大家所熟知的太极拳也深受老子的"柔弱胜刚强"思想的影响。

可以说，《道德经》是中国文化史上的一座丰碑，而老子也因此成为道家最具代表性的人物之一。

第一章
老子其人

☁ 老子出世

每个人都拥有一个属于自己的出生故事。老子作为我国古代伟大的哲学家、思想家和道家学派创始人,又被唐朝帝王追认为始祖,唐高宗亲临鹿邑拜谒,封老子为"太上玄元皇帝"。传说,老子与玉皇大帝有着很深的关系,而老子与钟馗也有着许多美丽的传说。这么一位"神级"的人物,他的出生又会有着怎样的传奇色彩呢?

太建三年(前571年),农历二月十五日,楚国苦县曲仁里村(今河南鹿邑)被团团紫气笼罩着。紫绛色的场院,紫黑色的房脊,紫绿色的烟柳,紫灰色的树叶,连初升的太阳也变成了一片紫红。好一派祥瑞之气啊!人们都为这种神奇的景象感到惊奇!就在这时,突然传来几声"哇!哇!"

无为 老子

的婴儿哭声。稚嫩悦耳的婴儿啼哭声从紫气弥漫的村子里传了出来……

那天,曲仁里村的李氏早早起床,她一边梳理着满头秀发,一边小声唱着她平日最爱哼唱的村歌:"天水清,河水浑,俺上对岸去撑人,撑来一船男和女,个个都是好心人。"她一边唱一边在床边坐下,可没想到身子还没有坐稳,突然觉得肚子有点儿不对劲,感到隐隐疼痛,后来越发疼得厉害。当村上人做饭的青烟和紫气徐徐上升的时候,她肚子已疼得难以忍受了,脸上的汗珠不停地往下流。她忍不住倒在床上呻吟。邻家妇女闻声赶来,知道她是要临产了,急忙给她请来了村里有名的接生婆——金妈。

这位人称金妈的接生婆,来到李氏床前,细心察看。凭她平日积累的经验,确认这是少有的难产,就是胎儿在娘肚子里过月时间太长,胎儿长得又大,再加上李氏又是头胎。像这样的情况,大人小孩都有危险,连金妈这位有经验的接生婆也感到为难。金妈只好请来一位大夫。大夫仔细看过,无可奈何地摇摇头走了。金妈无奈地让李氏斜靠在自己怀里,用手托着她的脖子。

李氏更加疼痛难忍。金妈只好用双手在她的肚子上慢慢揉着。一阵剧烈的疼痛使李氏昏死过去了,脸上没有一点血色。"这叫人该咋办?这叫人该咋办?"金妈一抬头瞅见了案板上的一把菜刀。"给她剖腹取胎"的念头在心头一闪——"不中,这样不光李氏生命难以保全,自己还将落下埋怨。"就在金妈瞅着菜刀迟疑的时候,李氏突然说:"快把我的肚子割开!"金妈犹豫地抓着刀举起又放下。没想到李氏以惊人的力量抽身坐起,从金妈手中夺过菜刀,照着自己的肚子

"哧"地一下拉开了一条血口子。血水从被划破的肚子和包衣之中泉涌一样地流出来。李氏用微弱的声音断断续续地说："我死后，告诉孩子，做个……对苍生……有益的……好……好人……"话没说完，这位英勇的母亲永远闭上了双眼。

李氏去世了，她的儿子却活下来了。

李氏生下的这一男婴，脑门儿圆圆的，鼻梁高高的，头发是白的，小嘴下面还有一道白白的胡须。两只耳朵大得出奇，因为这孩子的耳朵非常大，人们就给他起名叫李聃。聃，就是耳朵大的意思。又因为李聃出生那年是虎年，当地人把虎称"狸儿"，和李耳接近，这样就被人叫做李耳了。

这就是后来的老子。

由于李氏生李耳时是剖腹产，怀胎时间又长，后来又传说为李氏是吃了李子怀了孕。又说李耳是在娘肚里怀了九九八十一年，才从母亲的右肋下出生的。

这个故事毕竟只是一个神话传说。在史书上也有一则关于老子出世的记载：

公元前576年夏六月，宋国的国王共公去世了，右师华元将国中政权接了过来。可是呢，并不是人人都信服右师华元的，有很多人都想把他拖下来，自己执掌政权。这里面以左师鱼石为首的桓氏宗族为主。他们早就有篡政的心了，可是因为共公在位，他们一直没机会出手。现在他们看到共公死了，便开始打算将权力从华元手中夺过来。

但是由于桓氏宗族的人在篡政时准备不足，这件事的风声走漏，被人传到了华元的耳中，桓氏宗族便被以华元为首的戴氏宗族赶出了宋国。发生这件事情之后，向戎做了左

无为 老子

师,老佐是司马,司寇是乐裔,他们一起立了新的国君,就是宋平公。

那么被赶出宋国的桓氏宗族就这么乖乖地认命了吗?没有。鱼石率领着桓氏宗族一行二百多人逃到了楚国,在楚国一住就是3年。公元前573年夏六月,楚国开始攻打宋国,将宋国的彭城,也就是今天的江苏徐州给攻占了。楚国封鱼石、鱼府守城,并给他们留下了300多乘战车帮助他们一起镇守彭城。

宋平公知道自己国家的一座城池被楚国占去了,当然非常着急。他赶紧和众大臣开了一次紧急会议,问大臣们:"现在是敌强我弱,楚国的兵已经占领了我们的彭城,是我们的一大心腹之患。如果现在我们坐视不理,那么以后楚国必定后患无穷!众位大臣,你们有谁愿意为我夺回彭城这个要塞?"宋平公话音刚落,众位大臣当中走出一个人来,他说:"愚臣愿意前往彭城,为主公夺回要塞!"宋平公一看,只见这个人身高近两米,长得浓眉大眼,一脸的大胡子,肩膀宽阔有力,往那一站显得是既威武又雄健。原来这个人就是司马老佐。

华元看到老佐请兵前往,有点忧虑,他对宋平公说:"鱼石这个人非常狡诈,鱼府这个人呢非常凶残。现在彭城里面有楚国的战车300乘,留守的兵丁也有3000多人,力量是非常强大的。老佐这个人虽然武艺很厉害,胆子也非常大,既刚健又勇猛,但是他面对鱼石与鱼府两个人,却怕是很难取胜。"

老佐一听这话,当时就急了,他据理力争地说:"鱼石就像是一只吃书的蛀虫一样,而鱼府就像一只只会欺负鸡的狗一样，有什么可怕的！老佐我愿意带着全家老小一起去攻打彭城。如果彭城攻打不下来，我就不回来！"宋平公一听老佐都这么说了，便答应了他的请求。于是，宋平公封老佐为上将军，率领两万人马去收复彭城。

老佐为了早日收复彭城便日夜不停地攻打。身为上将军的老佐英勇威武，在打仗的时候总是能身先士卒，所以跟随他的士兵们也都士气大振。就这样不到半个月，彭城里面的楚军便危在旦夕了。这一天，鱼石和鱼府两个人在城上监督作战，只见城下的宋军人多得像蚂蚁一样，一个个奋勇拼杀，不停地架梯登城，人人都争先恐后。又看到在这一群士兵里面有一个大将穿着一身银色的盔甲，手拿金戈身骑白马，驰骋在这战场之上调兵遣将。

同鱼石、鱼府一起观战的一名楚国将领不认得此人，便问："那位宋将是谁？"

鱼石看了一眼说："他就是新任的司马、围城的主将老佐。"

楚将们听完纷纷议论说："攻城的主将不在军后观敌瞭阵，却在军前杀敌，这样的将军怎么会不鼓舞士气呢？如此看来，彭城真是太危险了。"

鱼石是一个有心计的人，听完他们的话便说："很多事情明明看上去要成功了，结果却失败了；很多事情明明看上去要失败了，结果却成功了。这样的例子在历史上并不少见，诸位现在又怎能认定我们必败无疑呢？老佐他英勇雄武，身先士卒，这是他成功的根本；可是他又刚愎自用，目中无人，这必定是他失败的根源。由这样的人来领兵打仗，诸位又怎么知道他就一定能胜利呢？"

无为 老子

楚将们听完鱼石的话后又问他:"可是看上去老佐好像一副胸有成竹的样子,不知还有什么好计策?"鱼石听完回答说:"两军对战,帅在前还是在后,要见机行事。现在宋兵攻城,主将却突出在前,冒着被箭射中的危险不断向前,这是兵家的大忌啊!我有一条小计,如果你们照我的计策去做,那么宋军到底成功还是失败,还是很难说的。"

原来鱼石是想让楚军在暗地里放箭,射杀老佐。如果老佐死了,那么宋军必然士气大跌。这件事老佐哪里想得到,老佐此时正在军前督战,忽然从远处飞来一支利箭,射入他胸口之中,老佐不幸中箭,从马上坠地身亡。这一下子宋军群龙无首,溃不成军,四散逃窜了。

却说老佐的家人们正在宋营的军帐当中,有侍女,还有数十个家将,数十个侍卫。他们听说老佐已经阵亡了,又看见宋军溃不成军四处逃窜,便赶紧架车保护着老佐的妻子逃了出去。一路上,家将和侍卫一边杀敌一边逃跑,一直到了傍晚,看着后面已经没有了追兵才放慢了速度。但这个时候老佐妻子的身边也只剩下两名侍女和一位驾车的家将了。家将不敢在路途中停下稍微休息一下,披星戴月地摸黑前行,慌不择路,沿着西南方向跑了过去。

到了第二天天亮的时候,他们来到了一个非常偏僻的小村庄里,家将向村民打听怎样才能回到宋都去,可所有的村民都摇头说不知道。家将只知道宋都在西方,便又驾车一路西行,可他却不知道,早在第一天晚上他们的路程就偏向南方了。这一行四人每天绕着小道行走,就这样又走了七天,仍然看不到宋都,却来到了陈国相邑,就是现在的安徽涡阳。就在路上,老佐的妻子突然感觉自己的肚子非常疼痛。

原来老佐妻子早就已经有了7个月的身孕，老佐为了履行对宋平公的承诺，以必胜之心携眷出征。现在老佐已死，宋军也已经战败，老佐的妻子本来就有丧夫的悲痛，眼下又亡命他国，心中不免焦虑万分，加上连日来不停地逃亡，使得她的身体疲惫不堪，所以导致胎动，疼痛难忍。侍女见老佐妻子痛苦的样子都惊慌失措，一个个都不知道要怎么办才好。家将赶紧将马车停在路边，跑到附近的村子里找到一位老妇人前来帮忙接生。不到一个小时的时间，就听见马车里面响起孩子"哇哇"的哭声，一个早产的男婴出世了，这便是老佐的儿子——老子。

老子一生下来身体就很虚弱，而且头很大，眉宽耳阔，眼睛就像深渊里的明珠一样清澈，鼻子圆润而又高挺。因为这个孩子的两个耳朵又长又大，所以就给他起名为"聃"。又因为他是出生在庚寅虎年（公元前571年），便有了"小老虎"的意思。因为江淮地区人们把"猫"叫做"狸儿"，叫起来非常像"李耳"，久而久之，老聃小名"狸儿"便成为大名"李耳"一代一代传了下来。

给老子接生的老妇人看到他们母子非常可怜，就让他们一行五人住进了自己的家里。原来这个老妇人的丈夫是开药店的，姓陈，人称陈老爹，所以大家都叫老妇人为陈妈妈。陈妈妈一生没有生过一男半女，但她为人厚道热情。她让出了3间西厢房，留给老佐妻子一家居住。老佐妻子在危难的时候遇到这么善良的人，心中感激不尽。虽说老佐妻子在战乱中颠沛流离，但毕竟是出身于大户人家，随身携带的细软也够他们生活的了，再加上老佐妻子的家丁经常帮着陈老爹打理生意，二名侍女料理家务，老幼五口，日子过得还算滋润。

无为 **老子**

就这样，宋国司马老佐的妻子便在陈国住了下来。

关于老子出生的传说，还有一个更具有传奇色彩的故事：春秋时期，鹿邑县（当时叫苦县）城东十里，有个村庄，叫曲仁里，这里松青柏翠，水秀山明，算得上一个风景秀丽的宝地。

单说村前有条赖乡沟，沟水清澈见底，两岸李树茂盛。在李子树林深处有一户人家，这家有一女孩，今年18岁，模样俊俏，长得如花似玉，知书达理且温柔典雅。爹娘都把她看成掌上明珠。但这姑娘脾气也怪，要一生一世守在二老身旁，发誓终生不嫁，安心攻读诗书，侍奉爹娘。

有一天，这姑娘到河边洗衣，找了一块平坦光滑的石头，在上面搓了一阵，刚举起洗衣棒"唧！唧！唧！"敲了几下，就发现在对面不远的水面上漂来了一对李子。这李子肚朝肚地长在一起，随着水流上下浮动。她立刻停下手中的活，伸手将两个李子捡起来。仔细看这两个李子，它们都是一面鼓肚子，一面扁平，好像是两只耳朵合在一起。且这李子红里透黄，黄里面透着红，她忍不住咬了一口，慢慢地品尝，一股沁人心脾的香甜味，犹如甘露沁香，回味无穷。才几口她就把这两个奇怪的李子吃光了。

刚吃完李子，就感觉心里异常难受，腹痛难忍，想吐又吐不出来。手捂着肚子趴在河边，脸憋得通红。就在这个时候，隐约从腹中传来一阵话语："母亲大人，莫要难过，等孩儿坐正就好了，你不要害怕。"她大吃一惊：怎么李子变成胎儿了！她红着脸，小声地问肚里的小生命："孩子，你既然已经说话了，为何不从我肚子里出来，这样让我如何见人啊！"胎儿应声答道："母亲大人，孩儿现在出去还不是时候。我要再待一些时日，想一些重要的事情！"她又问道："想啥事情啊，要想多久，你想到什么时候才能从我肚子里面出来？"小生命又说："我要想的事情是如何使傻子变聪明，笨人变灵，恶者向善，天下太平。等到天长严、牵骆驼的来。"说着说着就没有声音了。

花开花落，日起日落，一年的时候过去了，孩子还是没有降生。吃李子怀孕的姑娘害怕极了，她偷偷跑到一个偏僻背静的地方，轻声问胎儿："儿啊，人怀孕都是十月生，你都一年多了，咋还不出生呢？"胎儿回答道："天长严没有？牵骆驼的来了没？"闺女说："都没有，我不明白你老是问这个干吗？你有什么难言之隐吗？""恕孩儿不能相告，如果如母亲那样所说，我还不能出世，要不就害了你。"胎儿回应说。

树叶青了黄了，又一个年头过去了。吃李子的姑娘忍不住地问胎儿："儿啊，我怀你两个年头了，应该出生了。"胎儿又重复问了第一次问她的问题。姑娘不解地问："你老是关注这个问题，能告诉我答案吗？"胎儿应声说了句"时候还是不到，天机不可泄露。"

81个年头过去了，吃李子怀孕的姑娘变成了白发苍苍的老人。她步入自己的屋子，坐在床前，问肚子里面的儿子："儿啊，我的冤家，整整81年了，你还不出生吗？你说的话到底是什么意思？"胎儿还是问那句老话。此时，一个念头油然而生。老人心想："天还有东北角没有长严，牵骆驼的至今还没有来。孩子老是问我这两句，还说不能坑害我，到底是为什么？我也不管他坑害不坑害了，就告诉他说天长严了，牵骆驼的来了。"想到这里，就对肚里的儿子说："天早长严了，牵骆驼的也来了，你快出生吧。"话音刚落，儿子

无为 老子

就顶断母亲的右肋，从里面拱出来了！呀！原来是个白胡子小老头，连头发和眉毛都是白色的。

母亲的右肋流血不止，儿子见牵骆驼的没有来，一下子明白是怎么回事了。他慌了手脚，说："我没有办法撕下骆驼的皮补在您老肋上，这该如何是好？"说罢，双膝跪下，给母亲磕了3个响头。母亲说："儿啊，不要哭了，我不埋怨你，你是娘吃李子怀孕生下的，那李子又像两个耳朵合成的，娘给你指姓起名，唤作李耳吧！临死之前我也没有其他的话讲，人过留名，雁过留声，娘入土之后，你在尘世做人，要做个好人，也不枉我怀你81载了。"说罢，气绝身亡。李耳跪下，在母亲身旁，大哭了一场。

因李耳刚出生就是个老头儿模样，后人就把李耳称做老子。

聪颖少年

每个人在小的时候都会向老师求学受教，从古至今每一个名人都是如此，没有人一生下来就拥有渊博的学识。那么，像老子这么一位学识渊博的人物，他的少年又是在什么人的教导下开始学习的呢？在学习的过程中，老子又会发生哪些有趣的事情呢？

老聃自幼聪慧，静思好学，常缠着家人要听国家兴衰、战争成败、祭祀占卜、观星测象之事。母亲望子成龙，请了一位精通殷商礼乐的商容老先生来教授老聃。商容上通天文

下知地理，博古今礼仪，深受老聃一家敬重。

一日，商容道："天地之间人为贵，众人之中王为本。"意思就是：这天地之间以人最为尊贵，但在所有的人里面，王者（即大王、首领）才是人类的根本，人们应以王者的思想为首要。"

老聃听完问道："天为何物？"先生道："天者，在上之清清者也。"老聃又问："清清者又是何物？"先生道："清清者，太空是也。""太空之上，又是何物？"先生道："太空之上，清之清者也。""之上又是何物？""清之清者之上，更为清清之清者也。"老聃又问："清者穷尽处为何物？"先生道："先贤未传，古籍未载，愚师不敢妄言。"

这段话的意思是说，老聃在听完商容老师的话后反问老师："什么才是天呢？"老师就说："天啊，就是在我们最上面的，很清很清的那个就是了。"老聃听完又问："那很清很清的东西又是什么呢？"老师捋着胡子抬头看了一眼天空说："那很清很清的东西吗，自然就是太空了。"老聃还是有点不明白，继续问老师："太空？那么在太空的上面又会有什么东西呢？"老师继续耐心地解释说："在太空的上面，有着比天更清亮的东西。"老聃并没有满足老师的这个答案，又接着问："那么，在这个比天更清亮的东西之上，还有什么东西呢？"老师有点为难地回答说："在这个比天更清亮的东西上面，有着更加清亮的东西，也就是说，越往上，清亮的东西就越干净，越清亮。"老聃听到老师的回答之后低头想了一会儿又问："那么老师，在最最最最清亮的东西的尽头，会有什么东西呢？"老师一听，既为难又无奈地告诉老聃说："我以前的老师没有告诉我，以前的书里面也没提到过，所以老师也不敢

无为 老子

说，在最最最最清亮的东西的尽头会有什么东西。"

就因为这个问题，老聃没有在老师那里得到自己想要的答案，于是就问母亲，可是母亲也不能回答这个问题。老聃又去找家里的侍卫，他想侍卫南征北战，见多识广，或许可以帮他解答这个问题，可没想到侍卫也不知道如何回答老聃的这个问题。

老聃见谁也不能帮他解决这个问题，就回到自己的房间门口，抬着头看天上的星星月亮，想着天上有太阳、月亮还有星星之类的东西，可是在这些日月星辰上面又存在什么呢？老聃低头不断地想着，老师说那上面是天空，可是在天空的上面又有什么呢？老聃被这个问题困扰着，整整一个晚上都没有睡觉。

这个问题似乎就这么过去了，商老先生也没有在意。又过了几天，在上课的时候商老先生对老聃讲道："在宇宙万物当中，存在着天地和人物。在这里面呢，天有天的道，地有地的理，人有人的伦，物有物的性。因为有了天道，所以日月星辰才可以这样有规律地运行着；因为有了地理，所以我们看到的山川江海才能形成；而人呢也有人伦，所以才分出了尊卑长幼；因为有了物性，所以才有了东西的长短和软硬之分。"

老聃听完又有了疑问，他问商老先生："请问老师，日月星辰是谁推动行走的呢？还有山川江海也是，这些又是什么人造的呢？尊卑长幼又是谁规定的要这样分呢？还有，长短软硬这样的物质性能到底是谁这么区别划分的？"

"这……"商老先生听完老聃的问题后想了一下说："这些都是神所规定划分的。"

"神？"老聃听完商老先生的回答并没有满足，他继续问道："神凭什么这么划分规定？"

"神有变化的本事，能千变万化，而且还有造物的功劳，所以可以这样划分规定。"商老先生不厌其烦地解答着老聃的问题。

老聃听完还是不满意，又问道："神的这种本事是从哪里得到的呢？是后来有人教给他的？还是他一出生就有了？"

"这个……"商老先生听到这里又开始为难了，因为这个问题他是真的不知道，便对老聃说，"这种事情我的老师还有我老师的老师都没有教过，从古至今的书本上也没有记载过这样的事情，所以，老师我不才，不能回答你的这个问题。"

老聃听完有点失望，但又不想就将问题这么放下，便去问母亲。可母亲听完老聃的问题也是一脸为难，他的家将也一脸茫然，没有一个人可以回答老聃的这个问题。于是老聃就这样看着眼前的景物不停地思考，感受到手中不同物品的质感反复想着，整整三天吃饭不知其味。

虽然有问题没有解答出来，但毕竟商老先生还有新的知识可以传授给他，所以老聃又继续学习新的知识。有一天，商老先生告诉老聃："我们这里的大王称为'君'，之所以称为'君'，那是因为他是替上天来处理世间的一切事务的人；而我们这些民众是可以让君王任意派遣办事的。如果君王不按照天意来办事，那么这样的君王便可以废除掉；同样的道理，如果民众不听君王的治理也可以让君王治罪。这就是治国的道理。老聃，你可听明白了？"

老聃听完商老先生的这一番话后，爱提问的他又开始将

无为 老子

他的疑问提了出来,他问:"当子民的不听从君王的话被治罪,这是可以理解的。但是,既然君王的诞生是天意,那么君王又怎么会违背天意呢?"

商老先生听完,捋了捋胡子说:"君王是由神派遣而来代替神来管理世间的一些事情的。这君王诞生之后就好比是将军在外打仗,君王在朝中有些命令他可以不遵从一样。君王诞生之后有些天意他也是可以不去遵从的。"

"那,既然神是无所不能,无所不知的,既可以千变万化,又可以制造世间万物,为什么不在君王诞生之前就把他造成什么事都听从神的话的君王呢?"老聃一脸不解地问商老先生。

商老先生听完老聃的问题之后脸上一阵红一阵白,他清了清嗓子,有点尴尬地继续说着之前的那一套话:"这个……这个,我的老师,还有我老师的老师都没有教过这个问题,从古至今的书上也没有记载这类的问题,老师愚昧,不敢随便给你作解答。真是惭愧,惭愧!"

老聃没有得到答案,又去问母亲和侍卫,结果他们均不能回答这个问题。于是老聃便在相邑寻找有学识有能耐的人,希望可以得到他想要的答案。在寻求知识的路上,就算是刮风下雨,老聃也不觉得雨淋湿了自己,风刮冷了自己,一心只为求得真正的答案。

时间过得很快,过了几天,商老先生继续教授老聃学习。商老先生虽然每次都被老聃的问题问得很尴尬,但从未认为老聃是一个捣乱的怪学生,反而对老聃的这种刨根问底感到非常欣赏,于是便更加用心地去教导他。这一天,商老先生对老聃说:"这天下的所有事情,都是以'和'为贵。如果国家与国家之间失去了这种'和'气，就会爆发战争，战争一旦爆发便会引起两国士兵交兵相残，一旦相残必然是两伤，而两伤这种事情是百害而无一益的。所以，这个道理说的就是，如果你让别人得利了，那么你自己才能得利；如果你为祸他人，那么到头来祸害的也必然是你自己。老聃，你可明白这个道理了？"

老聃听完商老先生的教导之后点了点头，但随后又想起了一个问题，便问老师："老师，如果天下失去了和平，就必然成为百姓的大害。既然我们是君王的子民，那么君王为什么不去治理这种事情，让天下恢复和平呢？"

商老先生点了点头说："人与人之间的争执吵闹，只是失了一种小'和'气，失了这种小和气只会造成一些小的祸害，对于这样的小祸端，君王自然是可以治理整顿的。但是，一旦国家与国家之间起了争端，那就是失了一种大'和'气。一旦失了这种大的和气，必然会产生大的祸端，而造成这种大祸的就是君王，你又如何让他去治理整顿呢？"

老聃听完又问道："那么，既然这种事情君王不能整治，那么神不是可以的吗？为什么神宁可看着祸端生起危害人间，也不出手治理一下呢？他不是掌管着天下的一切，有着万能的本事吗？"

"这……"商老先生又一脸惭愧地说，"这种事情我的老师，还有我老师的老师都没有教过我，从古至今的书籍里也没有任何相关的记载，为师愚钝，无法替你解答这个问题。你自应当从现在起好好学习，去寻找为师无法替你解答的问题，相信你将来必能成大器！"

于是，老聃在问过母亲和侍卫后，仍得不到答案便又开

无为 老子

始了他的寻求之路，在这期间他找遍了相邑有学问的人，看遍了相邑的书，将他无法从老师那里得到的答案想办法在别处去寻得。就这样一年又一年，在求学的路上，老聃在三伏天不会觉得热，在三九天也不会觉得冷，只是一心一意去不断地学习，不停地丰富自己的学识。

商老先生看到老聃的这种行为后向他的母亲夸道，老聃可谓是一名聪颖的少年，长大之后必成大器。

智降青牛

神话故事当中，有许多能够降龙伏虎的神将，降住的不是蛟龙就是猛虎，再不然就是一些凶猛野兽，然而在老子的故事当中，却有一则降青牛的传说。为什么老子降住的是一头青牛呢？难道是老子能力太弱，只能降住一些"弱小"的动物，还是老子对青牛特别感兴趣呢？被老子降住的青牛到底是何物，又有何种本事呢？

据说，这是老聃八九岁时发生的事。那时，在太清宫南面的一座大山上，突然出现一群怪物。这怪物乍一看像大象，但鼻子没有大象的鼻子长，蹄子宛如碗口大，两角头上长，两眼似铜铃，一叫惊似狼。人们都称它为神牛。这神牛非常凶猛，看见什么咬什么，就连狮子老虎看见它都远远地躲开。不长时间，大山附近的动物都被它弄得销声匿迹。

这天，老聃和本村里的孩子二子瞒着大人，一起去南山下割草。不一会儿篮子就装满了。他们俩看看天气还早，一时贪玩就在那里玩起了游戏。二子把镰刀插在地上，老聃和他站在远处，用老聃的乾坤圈套镰刀。老聃的乾坤圈其实只是他的一个手镯，他们用这个套镰把，谁套中谁就赢，套不中就输了。谁输了，谁就围着镰把爬三圈。

正当他俩玩得起劲的时候，突然听到"哞"的一声，从山上冲下一头神牛，直朝老聃他们跑来。老聃看见这头神牛不但不害怕，反而火冒三丈。他心想：这畜牲自从出现就不干好事，扰闹乡邻，伤害百姓，今天非给它点颜色看看不可。他对二子大喊一声："走，捉住它。"他说着就拿起镰刀向那牛迎去。

二子也不是个软包，听老聃这么一喊，也捡起镰刀，跟着跑去。那头牛平日里碰到的东西，只要是活的，都是没命地逃。今天它见两个小孩看见它不但不跑，反而举着镰刀向它跑来，就觉得事情有点不妙。但到嘴的肥肉不能不吃，它两眼一瞪，跑得更凶。那牛连蹿带跳，来到近前，把头一低。一个猛蹿，就想把他俩顶死。老聃二人忙把身子一蹲，那牛正从他俩头上蹿过去。老聃见那牛的气势，心想：先给他点厉害，杀杀它的威风。随即猛地站起身，举起镰刀，朝那牛屁股上狠劲砍去。那牛痛得一蹦老高，它的屁股上只露了个镰刀把。

那牛顾不得吃他俩了，撒开蹄子就往山上跑。两人一见那牛跑了，更来劲了，喊着叫着，跟着那牛追上山去。那牛一口气跑到半山坡，钻进一个很大的洞里。老聃和二子正准备到洞里去捉住它，谁知，从里面突然传出一声吼叫，震得山坡直打颤，随着叫声一头青牛从洞里窜出来。老聃和二子

无为老子

定睛一看，不禁也吓了一跳。只见它比刚才那牛大一倍，大头大嘴大蹄盘，肚子里像揣着个老虎，头上那两只角向前伸着，有一胳膊长。看样子它是这牛洞里领头的。

它窜出洞口，往半山坡一站，见是两个小孩，气得暴跳如雷，对着他俩先来了个下马威。真够凶的！但见它把头一低，伸出舌头往长满荒草的地上一舔，"嗤啦"一声，舌头舔过的地方一片精光，连地皮都被它舔起有半尺多深。它心说："自从占山为王以来，哪里吃过半点亏，今天倒被你俩小孩子占了便宜，真有失尊严，看我怎么收拾你俩。"它大叫一声，一个饿虎扑食，就朝他俩直扑上去。老聃见大青牛发疯一般扑来，心想：不把大青牛制伏，以后这带的人就别想有好日子过，一定得把大青牛制伏。还没等他想出制伏大青牛的法子，这牛已窜到二子身边，朝着二子低头就顶。二子也不急慌，就势抱住了大青牛的前腿。那大青牛见腿被人抱住，急得张口咬二子。老聃见状，猛窜上去，用手里的乾坤圈对准大青牛的上牙就是一下，咔嚓一声，大青牛的上排牙被砸掉了。这大青牛恼羞成怒，身子猛一横，把老聃撞倒在地上，它低下头去伸出舌头"呼哧"一下，就把二子裹进肚里。老聃见二子被老牛裹进肚里，气得他怒从心头起，劲从骨中生。大青牛这时正低头弓背冲到他跟前，他猛地站起身，一把抓住牛角，"蹭"地骑上了牛背，他用腿把牛背夹紧，两手握住两只牛角使劲向后一扳，一下子把牛角扳了过去。大青牛乱蹦乱跳，想把老聃从背上甩下去。老聃摘下乾坤圈，用劲折断，把牛鼻子牢牢穿住。

这下大青牛老实多了。老聃跳下牛背，捡起二子的镰刀又把牛蹄子砍成两半。大青牛彻底老实了，二子还在牛肚子里呢。老聃狠劲一托大青牛的肚子，把它胃里的东西全都挤了出来，二子也出来了。因为他才被吞下，又没伤着筋骨，不一会儿就醒过来了。但大青牛可吃了苦，从此，它吃了东西总是要再倒出来重嚼。老聃见二子醒来，便和二子骑上大青牛，高高兴兴地下山去了。没走多远，老聃发现后面跟着一群大大小小的牛。原来，这些牛见头牛被老聃制伏了，它们都乖乖地跟了下来。老聃下了山，把它们赶到村子东边的一片草地里。从此，他就在那里专门驯养那群牛。他对跟来的那些牛，一头头都按治大青牛的办法整治一遍，只许它们吃青草，还教它们拉犁拉车。他把驯养好的牛，都送给乡亲们使用。

还有一则传说更据有神话色彩，故事是这样说的：相传春秋时期，苦县东部有一座高入云霄的隐阳山。这座山，主峰东南侧有个不大显眼的小峰，这小峰，远看像牛，近看像牛，左看像牛，右看像牛。不但形状像牛，而且春夏秋冬四季常青。所以人们给它起名叫青牛峰。

青牛峰下，曲仁里一带村庄，突然出了一件怪事，麦秸垛一个接一个地失踪。头天晚上还好好地垛在那里，第二天早起一看，已经不翼而飞。

人们感到十分惊奇，男女老少议论纷纷，谁也说不清是怎么回事。众人心里十分害怕，天不黑就关门睡觉，第二天日上三竿，才敢起床。

曲仁里村上有一个姓张的大汉，上山敢打老虎，下海敢擒蛟龙，天不怕，地不怕，人送外号"张大胆"。张大胆这几天故意晚睡早起，有时半夜起来走走。这天，张大胆五更起来拾粪，刚到村边，一抬头，见西北天空，青光一闪，一

无为老子

大团黑云向这边飞来。黑云落到一个大麦秸垛上，转眼间，连黑云带麦秸垛全不见了。

这是怎么回事？张大胆百思不得其解。他心里想："俺村李耳是个不寻常的少年，他生下来就是白发、白胡子，好读书，爱思考，善观天象，聪明过人。我不如问问他，看到底是怎么回事。"他找到李耳，把看到的情况从头到尾说了一遍。

李耳也感到稀奇，说不清是怎么回事。他是个遇事好弄个究竟的孩子，为了弄清这怪现象的来龙去脉，他决定和张大胆一起前去，来个实地观察。二人计议之后，连夜来到麦秸垛失踪的树下。一前一后，爬上柳树，往老树杈上一坐，瞪大眼睛往西北天空观看起来。看了一阵，不见什么动静，李耳把舅父送给他的如意金钩从怀里掏出来，挂在自己的脖子上，往树下那几个麦秸垛扫了一眼，然后又抬头盯着西北角的天空。

就在这时，只见西北方天空"轰隆"一声，青烟腾起，接着，狂风大作，只刮得扬尘飞沙天地暗，雾气腾腾月不明，乌漆一团如墨染，活像掉入了黑洞中。就在这时候，大团大团的云彩向这边滚滚而来，落到李耳他们所在的大柳树底下，把方圆几丈远的地方都映白了。这团白云一连翻了几个滚，变成一只白色的麒麟，只见这只麒麟长着两只尖角，眼像铜铃，浑身冰霜，四蹄生风。大嘴一张，麦秸垛呼呼叫，像往铡口里送草一样，一会儿就吸到它肚里去了。

李耳看到这里，屏着气，一声不响，他身边的张大胆憋不住劲了，跃身从树上窜跳下来，"扑通"一声落到白麒麟的身上，两腿一岔，骑在它脊背上，一手抠着它的鼻子，一手握起小碓一般的拳头，照着它眼上乱捶乱打起来。白麒麟被打急了，尾巴一甩，在地上翻滚起来，一口气翻了二九一十八翻，连压带砸，把张大胆弄得浑身是伤，鼻口出血，半死不活地躺在地上。接着，白麒麟一连往后退了好几丈远，头一低，瞪一下眼，两只角照着张大胆就往前顶！

在这关键时刻，树上的李耳沉不住气了。这个平常看起来十分文弱的少年，这时一下子来了天大的勇气，地大的机灵，像鬼使神差一样，"呼"一下从树上跳下来，两腿一岔又骑到白麒麟的脊梁上，一手扳着它的角，一手去抠它的鼻子。

白麒麟两眼一瞪，"呼哧"卧倒，又准备就地翻滚。李耳也不知是为什么，自己像是用了气功一样，轻轻一弹，从麒麟身上跳下来，落到一边。麒麟没发现落到旁边的李耳，只顾翻滚，"呼隆！呼隆！"使劲摔自己的身子。等它发现自己身上没人，李耳在旁边站着的时候，就低着头使劲朝李耳顶去！李耳轻轻一闪，白麒麟一头扎在地上，两只角钻到土里，半天才拔出来。地上留下两个茶盅粗的窟窿。它扭头一看，见李耳在它屁股后头站着，就掉转头，瞪眼低头，第二次向他顶去！李耳又一转身，闪到一边，麒麟的两只角在地上又留下两个窟窿。麒麟两次落空，不由得无名火起，一声怪叫，腾空而起，"呼"一下子长得如一间屋子般大，像泰山压顶一般，连身子带头，一下子向李耳砸去。李耳也不知道自己为啥来了这么大的机巧，像有人驱使一样，往外轻轻猛一抽身，脚尖往地上一点，飞身跳起，一下子骑在麒麟的脖子上，从自己脖子上摘下如意金钩，一只手抠着它的鼻子，一只手把金钩给它扎上，接着用两只手猛劲一勒！那麒麟"呼哧"一声，前腿跪地，活像泄了气的气球，霎时变成

无为 老子

一头黑牛:"主人饶命!主人饶命!"

李耳从牛身上跳下来,一手抓住钩住牛鼻子的如意金钩(据说牛扎鼻就是从这时开始的),厉声问道:"畜生!你是何方妖孽?为啥到这里兴风作浪,弄得畜没草吃,人没柴烧?快快从实说来!"

黑牛说:"主人,我不是麒麟,两只角和动作都不像麒麟,我是你的侍从。所以,在我的面前你格外胆大。我原是混天老祖的一头耕牛,一百年前的一天,老祖忽然吩咐我道:'牛儿,牛儿,你要牢记一百年后,凡间有一替天行道之人要与你结下不解之缘。此人点化恶者,劝人向善,传播真谛,造福于民。可惜他没助手。我命你一百年后,前去助他一臂之力。我给你一百年时间在曲仁里旁边的隐阳山等候,你啥时候碰到一个人手拿如意金钩扎在你的鼻子上,那就是你的主人。'我偷偷来到隐阳山,化作青牛峰,等呀等,等了一百年还不见自己的主人到来,按捺不住,就离开青牛峰,化作白麒麟,下山吃草。今主仆相遇,多有冒犯,望你恕罪。"说罢,把嘴一闭,成了一头牛,再也不会说话。

李耳把遍体鳞伤的张大胆扶上牛背,牵着青牛往村里走去。

从此,隐阳山主峰东南的青牛峰就不见了。

枣树姓李

太清宫(古时叫曲仁里)东边有一片洼地,人称放牛场。传说李耳小时候在这里放过牛。这放牛

场上长着一种奇特的小树，一棵棵有三尺多高，到了秋天，上边就结满红色的果实。这果实圆溜溜的，有玻璃扣子那样大，说它是枣，又像李子，附近的老百姓称它为李枣。说起李枣的来历，还有一段神奇的小故事哩。

李耳小时候常常到曲仁里东面的青草场上去放牛。有一天，他又想牵着牛去放。当他从屋里把牛牵到院子里的时候，突然发现，自己的赶牛鞭子不知道什么时候给弄丢了。没有赶牛鞭子可怎么赶牛呢？正当李耳发愁的时候，他突然看见了堂屋前面的那棵大枣树，想到一个好办法。

这棵大枣树长得非常大，没有人知道它到底长了多少年了，它就像一把撑开的绿伞一样，几乎把整个院子都遮盖住了。据说，这棵枣树已经长了千年之久，可是从来也没有结过一颗枣子，只是一直长叶子，没有人知道到底是什么原因。李耳走到枣树下，伸手折了一根枣树枝，将上面的叶子全部捎掉，这样一根赶牛鞭子就做好了。

李耳拿着新做的赶牛鞭子将牛赶出了院子，约上小伙伴一起到青草场上放牛去了。这个放牛场宽一里，长一里，四四方方的，里面绿草如茵，繁花点点，清香飘荡，蝴蝶飞舞，不光是个放牛的好场所，也是几个小孩子玩耍的好去处。李耳将牛的缰绳撒开，任牛自由自在地在这里吃青草，而他们几个就在地上画起了五子棋盘，一起玩五子棋。

过了一会儿，一个小伙伴突然感觉身体不舒服，没一会儿他又开始口干舌苦，烦渴难忍。李耳为了搭救他便想回家取水给他，而别的小伙伴却提出来说是远水解不了近渴，不

无为 老子

如另想办法。李耳一听也觉得有道理,可是这近处也没有水可以给小伙伴喝的啊。李耳感到无奈,他手里拿着那根用枣树枝做成的赶牛鞭子围着树丛观看,想找个果子给他解渴。哪知李耳转了一圈儿又一圈儿,连一个小小的果子都没有找到。

李耳着急地找着,不知不觉开始自言自语说:"怎么一个果子都没有啊?哪怕找到一个小小的枣子也行啊!那也能帮着他解一下渴啊!"话音刚落,李耳手中的枣枝就开始长出了叶子来,他很惊奇,跑回小伙伴面前大声地说着:"你们看!我这枣枝长出叶子来了!"

小伙伴们都不相信,说那是枣枝上原来带着的叶子,可是李耳却说:"原来的叶子早就被我捋光了,确实是刚刚才长出来的,恐怕一会儿还会开花结果呢。"

一个小伙伴在听了李耳的话之后仔细地观察了一下,然后说:"真的,这真是刚刚才长出来的,快把它栽在地上,说不定真能结出枣子呢。"

李耳照着小伙伴的话,把枣枝栽在地上。霎时这小小的一根枣枝长成了一棵小树,像把小伞一样,有三尺多高,青枝绿叶的。接着开满了黄色的小花,眼看着花谢了,结出了青果,青果又变成了红果,像枣又像李子,一个个有玻璃球一样大。这时,李耳他们往四周一看,这一看吓了他们一跳,原来在这放牛场上四处都长出了这种小树,都是三尺多高,每棵树上都结了红艳艳的果子。李耳和小伙伴们高兴得又蹦又跳,他们赶紧将果子摘下,放在嘴里一尝,像是喝了冰水一样清凉,又像是吃了蜜糖一样甘甜。于是马上又摘了许多果子,让那个生了病的小伙伴吃了下去,不一会儿,生病的小伙伴就恢复了生龙活虎的精神样。

一个小伙伴奇怪地说："想不到这枣树结枣竟然这么快。"

李耳说："都说'桃三杏四梨五年，枣树栽上能卖钱'，想不到竟然是真的。"

从那以后，几千年来，这放牛场上都长满了这种奇异的树，它年年开花，年年结果。因为这树是李耳用赶牛的枣枝栽起来的，又因为果实像枣又像李子，所以人们就给它起名叫李枣树。

李耳看桃

李耳小的时候便是一个机灵的小孩，不光机灵，还非常懂事，是个非常讨人喜欢的小孩子。历史上有"孔融让梨"的故事，在那个故事里面，孔融不贪大梨而选小梨吃。而在李耳小的时候，发生了一件替别人看桃的趣事。李耳在看桃的时候又会发生些什么呢？他会忍不住偷吃还是会好好看桃呢？

古时候，苦县城东有个曲仁里，是个不大不小的村庄。庄上住着一个很守信用的孩子，名叫李耳。李耳常常和一个叫玄娃的孩子一起玩。可很奇怪的是，像李耳这么一个守信用的孩子，和他在一起玩的玄娃却是一个非常不守信用的人，他从来是说话不算数的。

在这个庄的西头有一个姓高的老太太，大家都叫她高奶

无为 老子

奶。高奶奶在村西边隐阳山的南坡上栽了7棵蜜桃树。每年夏天,大蜜桃结得满树都是。这蜜桃个大皮薄,核小肉多,白白的皮,红红的嘴,咬一口,顺着嘴角淌蜜水,满口的甜,扑鼻的香。村里的小孩子还有附近村里的小孩子,常常趁高奶奶不在的时候去偷她的桃子吃。这一年的5月里,高奶奶家的蜜桃又成熟了,可是高奶奶一直没有时间去摘。

有一天早上,高奶奶看到在一边玩耍的李耳和玄娃,她走过去对他们说:"孩子们,我这两天家里因为有点事,忙不过来,可不可以请你们两个帮我看两天桃呢?你们可以一边在山坡上看书,一边帮着我看桃子,等过了这两天,我一定用大桃子来感谢你们。"

李耳和玄娃一听,只看两天就可以吃到又大又甜的蜜桃,都非常高兴地答应了高奶奶的请求。玄娃对高奶奶说:"高奶奶,你放心吧,这两天我一定帮您把桃子给看好了,你就放心地交给我吧!"

李耳也对高奶奶说:"高奶奶,请您放心吧,我们一定说到做到。"

高奶奶听他们俩这么一说,非常高兴也非常放心地交代了一些事情就走了。第二天吃过早饭之后,李耳就带上了中午吃的干粮去找玄娃说:"玄娃,我们走吧,咱们带上中午吃的干粮,再带上象棋,这样我们就可以一边看桃一边下棋了。"

玄娃说:"好,你先走吧,我随后就到了。"

李耳听了玄娃的话之后心想:"玄娃一直是说话不算数,这次会不会也是这样。他叫我先走,我是走还是不走呢?对!还是先走吧,他就是说话不算数,我也用说到做到来对待他。"

想到这里，李耳自己就先走了。

果然，李耳一个人去了高奶奶的桃林那里之后，一个人坐在大桃树底下，左等右等，一直也没等到玄娃的影子。李耳开始生气了，真想站起来就走，但转念又一想："不行，我已经答应给高奶奶把桃子看好，我要是走了，高奶奶的蜜桃被人偷了，我不也成了说话不算数的人了吗？"想到这里，李耳又重新一个人坐在山坡上，一边看书，一边看桃。附近村子里的许多小孩本来以为桃园里没人想来偷桃的，可是从灌木树丛里露了露头，看见李耳在看守，都摇了摇头走开了。李耳就这样饿的时候啃了点儿干粮，一直看到天黑。虽然这一天李耳是又苦又累，可心里却比吃了蜜桃还要香甜，因为他实实在在地帮助别人做了一件好事。

第二天，李耳到玄娃家里去问他，为什么昨天没去看桃，明明都说好的。可是玄娃却说："我知道你说话算数，一定能把蜜桃看好的，我很放心你的，所以我才没去。"

李耳听完他的话之后问他："如果我也和你一样说话不算数，也没去看桃子，那该怎么办呢？"

玄娃不好意思地笑了笑，说："我今天一定跟你一块去看桃，一定说到做到，不会再说话不算数了，你就放心吧。你先走，我随后就到。"

李耳心里说："不管你去不去，反正已经答应人家办的事，我一定要说到做到。"想到这儿，又一个人先走了。

李耳再一次坐在山坡上给高奶奶看桃，他一边看桃一边等玄娃来下棋。就在这时候，他突然听见山顶上有人大声地呼救："来人啊，快救命啊，不好了，救命啊！"李耳一惊，他抬头一看，只见一个男人从山顶上滚了下来，这个人不是

无为 老子

别人，正是玄娃的父亲岳丘山。原来岳丘山和他的大儿子石娃一起到山上去采药，没想到一失手从山上滚了下来。只见他从山顶上越滚越快，而山下就有一个几十丈的山沟，再不停下来马上就要滚进山沟里面了。

就在这个万分危险的时候，李耳也不知道从哪里来了一股勇气，他一个箭步冲了上去，伸手就抓住了岳丘山的衣服，另一只手紧紧地抓住一棵小树，李耳咬着牙，死死地拽住不放，就这样两个人一下子停在了山坡上。石娃看到了赶紧跑了过来，费了好大的力气才把他们两个人拉上石坡。

岳丘山对李耳十分感谢，口口声声称他是救命恩人，可是又好奇李耳为什么会在这里出现。李耳就把他和玄娃对高奶奶的约定告诉了岳丘山，并且把这件事的前前后后都说了一遍。岳丘山听了，十分感动，夸奖李耳说："好孩子，你做得对！要是你也像玄娃那样说话不算数，不但高奶奶的桃要被人家偷光，今天连我的性命也没有了！"说罢，从桃树上折下一根三尺多长的桃树条就要走。

李耳很好奇，问他为什么要折桃树条，岳丘山说："先不对你说，我自有用处。"

岳丘山回到家里，把刚才在山坡上发生的事给玄娃说了一遍。然后把桃树条撂在他面前。玄娃听后，心里非常惭愧，也十分敬佩李耳的行为，说："我说话不讲信用，对不起高奶奶，也对不起李耳，该用桃树条抽！"于是脱去上衣，光着脊梁，用桃树条打着自己到李耳家去请罪。李耳见这种情况，慌忙说："不要这样，今后说话算数不就好啦！"

从此以后，玄娃像李耳一样，成了一个很守信用的人。

走亲访友

你一定走过亲戚吧,无论是自己还是在家人的陪伴下。那么走亲戚好玩吗?李耳小的时候也走过亲戚,可他走亲戚似乎并不像我们现在这样好玩。到底是怎么回事呢?我们一起看一下。

李耳在少年的时候就一直被人称之为"书疯子"。大家都听说过书呆子、书迷,却很少听说过书疯子。那是因为李耳一生读过了很多很多的书,而且一读书就十分疯狂。

李耳在十六七岁的时候,白天读书,夜晚也读书。夜里读书要耗很多灯油,家里人也怕他累坏了身体,就规定夜晚不准他读书。不叫他读,他就钻进被窝里偷着读。被窝里没法点灯,他就想了个办法,他到处捉萤火虫,把捉到的萤火虫放进罐子里,夜里用身子撑着被子,把书对着罐子口读。

有一回,李耳到姨妈家去走亲戚,因为路程远,需要头一天去,第二天回来。他坐着马拉的小车往姨妈家走,准备回来时请姨坐车到曲仁里来住几天。临去时,他带上好些书,有《河图》《洛书》等,另外,还特意带上他的盛萤火虫的小罐子,准备到姨家的时候,半夜里好照着看书。

李耳坐在小拉车上,一面赶着马走路,一面看书。走啊走的,谁知李耳一钻进书里面就拔不出来了,他沉迷在书的世界当中,把天底下所有的事都忘了。等到李耳回过

无为 **老子**

神来之后，他都不知道到底走了多少路，也不知道已经过了多久了。他抬头往外看，这一看，坏了，姨家早就走过了。马顺着路拐到一座小山下的一条小河边来了。他心里想："这可怎么办，得赶紧拐回姨家去才行。"刚想到这，又转念一想："可是，我这本《河图》还没有看完呢，如果要到姨家去不是还得去问路吗？这样得耽误好多看书的时间。唉，干脆不去了，就在这里看书吧，把这本书看完了再说吧，不能因为走亲戚打断我看书。"李耳想到这里，就把马拴在树上让它吃草，他坐在小河边就这样看起了书。

又看了很长时间，李耳感觉饿了，就将带给亲戚的礼物给吃了，渴了就喝几口河里的水。等天黑下来的时候，他把盛萤火虫的小罐子拿出来照着书本看，就这样越看越上瘾，看完了《河图》又看《洛书》。就这么一直看啊看的，一连看了几天几夜。

再说家里人见到李耳走亲戚没回来，就派人到他姨家去问出了什么事，可姨家根本就没见到李耳。这一下子可急坏了家里人，到处去寻找李耳，担心他是不是在路上出了什么意外。就这样，他们一路上找了下来，连那坑里井里都找了，可就这么找都没找到。最后，家人终于在小山脚底下的小河旁边找到了他。

此时的李耳正在吃着送给亲戚的礼物看着书，来找他的人一看放下心来，找他的人笑着责怪李耳说："你这个'书疯子'，走亲戚走到哪里去了！"

就这样，李耳博览群书，终于成了一个知识渊博的人。

卖牡丹花

卖花似乎并不少见,无论是什么花,都有着它独特的美丽。李耳小的时候也曾经见过一位卖牡丹花的人,当他见到这位卖牡丹花的人时,注定会发生点什么故事。

李耳小的时候,有一天,门前来了一个卖牡丹根的小商贩,商贩吆喝着在招揽生意:"卖牡丹了,牡丹根!栽上以后,长出枝叶,开出鲜花,好看得很了,卖牡丹了!"

李耳和一群小伙伴一齐围上去。商贩一看有人来了,就往地上一蹲,把一个红布单子铺到地上,从小箱里拿出牡丹根。用押韵合辙的顺口溜夸赞说:"一朵牡丹放红光,光彩照人满院香,香花足有盆口大,大人小孩都沾光。快买,快买!"

李耳听后很感兴趣,就买了一棵牡丹根,栽到院子里。十几天以后,牡丹根发出了嫩芽,长出了叶子,再以后长成一棵手指粗的小树。李耳看了心里十分高兴,心里一直盼着牡丹花能早点开放。可是没想到他左等右等,怎么也没等到有半个牡丹花的影子。李耳很奇怪,明明自己的牡丹花养得很健壮,为何会不开花呢?等他仔细一看才发现,原来这根本就不是什么牡丹花,而是一棵狗蕨子树。

李耳为自己的上当感到非常生气,也为没等到牡丹花而感到懊恼。就这样过了一年,到了第二年的春天,又来了一

无为 老子

个卖牡丹花根的。这个卖牡丹花根的商贩名叫刘结实,住的村子距李耳住的村庄只有8里远。

这一次李耳听到吆喝声之后依旧和一群人向卖牡丹根的人走了过去。只见刘结实选了一块比较平坦的地方将红布单子铺在地上后就直接把牡丹根放在上面,然后对着众人高声喊道:"这是红牡丹,买回去后,埋在土里,施肥浇水,长得很快。"

李耳听到刘结实笨嘴笨舌地推销牡丹根之后,心里不禁想:"看这个人拙嘴笨舌的,估计他卖的牡丹根也不会怎么样的。"转而他又想到去年自己买回去的一棵狗蒺子后问刘结实:"我问你,你卖的到底是牡丹根还是'狗蒺子根'?"

刘结实一听,这么一个毛头小子竟然怀疑自己卖假货,不由得很生气,他粗声粗气地对李耳说:"就这一堆,你爱买不买,不买拉倒,少在那里胡说八道。"

李耳听他这么说也不恼,又问他:"那你倒是说说,你的牡丹花开出来到底是个什么样子。"刘结实见李耳问他,就从怀里掏出一卷白绸子,上面画了一朵盛开的牡丹花,他对众人说:"我的牡丹花长出来后就像这上边画的样子。"

李耳又继续追问他:"长出来要不是这个样子,怎么办?"

"不是这个样子,下一回你来踢我的摊子!"刘结实满脸通红,拼命压住怒气说。

李耳心里想着:"有人认识他,踢摊子倒也不难。再说了,这个人说话虽然粗声粗气,但也不失老实实在,脾气耿直,我不妨信他一次,再买一棵回去试试。"于是,李耳就掏钱买下一棵牡丹根。

李耳买回这棵牡丹根之后依旧将它埋在院子里，上了肥，浇了水。过了十几天之后，地面上拱出了一棵小嫩芽，不久就长得像一棵小树一般。就这样，李耳继续细心地照料着它。过了没多久，这棵牡丹树的顶尖上开出了十朵像碗口一般大的牡丹花，花瓣鲜红漂亮，十分艳丽。嫩黄色的花蕊不但好看，而且还很香，远远看上去这棵牡丹花就像是天上落下的一片彩霞一般。

　　李耳高兴极了，他逢人就说："两个卖牡丹的，一个说得天花乱坠，结果花儿没开；一个有一说一，结果满院花香。真是信言不美，美言不信。"

　　据说后来李耳写的《道德经》里"信言不美，美言不信"8个字就是从买牡丹根这件事总结出来的。

追乞丐说

　　在现代当乞丐沿街乞讨的时候，可能会有一些心地善良的人给他们一些钱财，而现在也有很多乞丐只是为了行骗而已。在李耳那个时候，只有很穷苦的人没有饭吃才会出来做乞丐，乞讨的也非常简单，只要能讨得一点剩菜剩饭就可以了。有很多人见了乞丐要么讥笑，要么欺负，那么，当李耳遇到一个乞丐，他又会有什么样的表现呢？

　　李耳虽说刚生下来就白发银须，但是也有少年、青年、壮年和老年时期。他少年时，银白的发须衬托着嫩嫩的苹果

无为 老子

脸蛋儿,相貌与众不同,办事情有时候异乎寻常,心思也与众不同。

在李耳小的时候,常常有一些人因为天灾人祸等原因而没有饭吃,所以经常会见到一些乞丐。有一次,李耳家里来了一个要饭的小孩子。这个小孩子又黄又瘦,脸上也看不出原本的颜色,全被灰给抹住了,灰溜溜的显得和只小耗子一样。他身上的衣服也烂得像麻缕,找不到一块整布来。他站在李耳家的厨房门口,眼巴巴地往里看着。

李耳的舅父看到是一个要饭的小孩子,便随口说了一句:"饭还没有做好呢,没什么可以给你的,你快点走吧。"说完,就回堂屋里去了。其实,这个时候,家里的饭已经做好了,一锅热气腾腾的馒头已经蒸熟了,从锅里拾出来放在馒头筐里,上面用干净的布盖了起来。

在那个时候,李耳家并不是可以天天吃到馒头的,只不过那天李耳家来了客人,所以才做了一锅白面馒头。李耳的舅父并不知情,误以为馒头还没有做好,所以就随口对要饭的小孩说了那么一句话。要饭的小孩是个心里直得一点弯儿也不会拐的人,他听说没有东西可以给他,便转头走了。

这一幕被李耳看到了。他非常可怜这个要饭的穷孩子,他很想给这个要饭的小孩拿个馒头,但又不敢这么做,他心里想:"舅父平时非常可怜贫苦的人,这一回为什么会这样呢?他或许是不舍得给要饭的拿一个白面馒头。如果舅父不想给而我却硬给了,回头被他知道了一定会挨骂的。"可是转念又一想:"母亲说过,人要有善心,这要饭的小孩实在是太可怜了,穿得破破烂烂还那么瘦小,看他那个样子一定是好久没吃饱了。这么小就出来要饭,肯定是家里一点办法也没有了,要不然,谁会舍得让这么小的孩子出来要饭吃呢?如果我是这个要饭的小孩,心里该是什么滋味啊?他从那么远的地方跑到我家来,结果一口饭也没要到就走了,我心里不好受啊。舅父不让给,那我偷着给他拿点吃的应该没事吧。"

李耳想到这里,就回厨房里偷偷地拿了两个又白又大的热馒头,偷偷往袖筒里一缩,轻手轻脚地走出了家门。他出了家门赶紧去追那个要饭的小孩,没想到这时那个小孩早就走远了。他站在村头往南一看,发现那个孩子正往南边的那个村庄走去。

李耳心想:"他走了,馒头还给不给他呢?要不然就不给他了吧,反正他已经走了。"李耳刚要往回走,突然又想到:"不行,我既然已经下决心给这穷孩子拿了馒头,就不应该再拿回去。俗话说'饱汉子一斗,饿汉子一口',一口馒头就能把快饿死的人救活,我要追上去把馒头送给他!"他想到这儿,就拿着馒头追了上去。

快要追上那个要饭的小孩的时候,李耳在身后大喊着:"喂!小孩,别走,别走啊!"

没想到李耳不喊还罢,这一喊前面那个要饭的小孩走得更快了。他认为别人怀疑他偷了东西,怕引来麻烦,所以便头也不回地往前快速走去。李耳就在后面这样追啊追的,一直追到离南边那个村庄不远的地方,那个要饭的小孩一闪,钻进村庄里头就不见了。

李耳走到这个村庄的西面,看见一位老头儿在那里晒太阳,他上前去打听这个要饭的小孩的去向,老头说他上村东面去了。李耳又从村西面追到了村东面,看见一个干活的老

无为 老子

婆婆,向她打听要饭的小孩的去向,老婆婆告诉李耳,说他跑向了村西面了。

就这样,李耳又从村东面跑回村西面,还是没有看到这个要饭小孩的身影。李耳急得满头大汗,不知道他又跑到哪里去了。他很想放弃回家,因为他马上就要错过吃饭的时间了。李耳心里又想:"既然我都追到这里来了,我非追上他不可。就算追到他家也要追上。"

就这样,李耳又向村里的几个人打听要饭小孩的去向,终于有人说看见他去了村南面。李耳跑到村南面的时候看见这个要饭小孩正急急忙忙地往南边的庄上走。李耳大步往南追去,这一追不要紧,要饭小孩一溜儿小跑往南跑了起来。李耳急了,嘴里喊了一句:"快停下,你别跑啊!"他边说边飞一般地往前追去,三步并作两步将要饭小孩给追了上。

要饭小孩一看李耳追上了自己,吓得"哇"地一声哭了起来,他说:"我没偷你家的东西……我,我真没偷什么东西啊!"

李耳听完笑了,他终于知道为什么小孩见他就跑了。他从自己袖筒里掏出两个馒头对他说:"没人说你偷东西啊,你别害怕,我是给你拿了两个馒头送给你的。"他说着便把还热乎乎的白面馒头递给了他。要饭的小孩惊讶地看着这一切,从来都是他们追着别人要饭的,还从来没遇到过追着自己来送饭的。他接过这两个热乎乎的大馒头,感激得呜呜地哭了。

李耳终于完成了自己的"任务",当他回家的时候早就错过吃饭的时间了。舅父问他为什么要去追那个要饭的,他开始不敢说实话,但被舅父逼急了,他才照实将事情的经过一五一十地说了出来。舅父听完不但没有批评他,反而摸着他的头连连称赞说:"这才是好孩子呢!"

学水处世

水,在我们的日常生活中到处可见,我们都知道万物离不开水。可在李耳那个时候,他便能从中领悟出不一样的道理来。究竟他会在怎样的情况下领悟出一些什么样的道理呢?

李耳长到28岁的时候,外表看上去有点呆头呆脑的感觉,而且心里想什么别人从来都看不透。有时候他除了看书就是想问题,像傻了一样,一句话也不说。

李耳住的不远处有一座隐阳山,隐阳山的山脚下有一个大水潭,潭水长年又深又清,潭边十分安静。李耳就经常在这里读书,而且一读就是好几天。这一次李耳又来到潭边读书,读累了他就倚在潭边的小树上休息,然后眼睛就看着潭水。他对着潭水似乎想到了什么一样,就这样不停地看着潭水不停地想着问题。路过的人只是看到李耳在那里傻傻地呆坐着,根本不知道他在干什么。

话说李耳同村有个孩子叫铁蛋。这年铁蛋14岁了,他非常聪明也非常能干,常常被人夸赞。可就是有一点,他为人骄傲自大,并且逞强好胜。人家送给他个外号叫"能豆"。

这天能豆带着几个小孩往李耳坐的地方走去,他对几个

无为 老子

小孩说:"你们快看,耳叔又在那里装傻呢。走,咱们去吓吓他,出他的丑去。我们悄悄过去,我捂住他的眼睛,你们叫他猜我是谁,猜不着就不松手。"几个小孩都很好玩,所以听完能豆的话纷纷答应了他的提议。

能豆和几个孩子轻手轻脚地走到李耳的身后,能豆用两只手一下子捂住他的双眼。李耳吓了一跳,然后问:"谁?是谁呀?"

可是不管李耳怎么问,能豆和几个孩子都不出声。过了一会儿能豆用眼神示意旁边的一个孩子说:"你猜吧,如果你猜不出来就不松手。"

李耳说:"快松手,别捣乱了!"说着,他来回扭动自己的头想要挣脱能豆的纠缠。可是能豆用手紧紧捂住李耳的眼睛,死死地不放开。

旁边的小孩子继续帮着能豆说:"你快猜猜他到底是谁嘛。"

李耳看一时挣脱不了,也就不扭动自己了,就说:"根据性格来分析,除了能豆就没有别人了。"

能豆听到李耳猜出了自己便松了手,小孩子们都觉得非常奇怪,心里都在想:"瞧他那个傻样,怎么就能猜到是能豆呢?"

能豆说:"耳叔,你快和我们说说,你在这里干什么呢?一动也不动地一坐就是老半天的。"

"你们不懂,快去一边玩去吧,去吧。"李耳看着这一群小他很多的孩子们笑着说。

能豆感觉问不出点什么来,就带着这群孩子去山坡上玩了。而李耳又继续在那里一动不动地观察着潭里的水,他边看边想。只见水边，有人来挑水浇菜，还有人到水边洗衣服，许多鹅鸭在水上嬉戏展翅，鱼儿在水里自由自在地游动。这里的水是从山上流进潭里的，又从潭里流出来穿过树林和果园，流过田野，汇入河流。它流过的地方，树木特别绿，水果长得特别好，庄稼长得特别茂盛。这时候，山坡上，能豆领着那群孩子在桃树下玩。他们想吃六月鲜桃。想吃又够不着，因为那一个一个鲜桃挂在一棵很高很高的大树枝上，叫谁上去摘谁都不敢上。能豆说："你们都没那个能耐，还是我来上吧。"说罢，很利索地爬到三四丈高的树枝上，摘下了鲜桃，分给孩子们。

能豆看着孩子们吃着鲜桃，得意地问："怎么样，我摘下来的鲜桃好不好吃？"

孩子们边吃着鲜桃边纷纷点头，称赞能豆的厉害。

能豆看大家这么称赞他，不由得更加得意，他说："这是我的本事大，是我了不起。我摘下鲜桃给你们吃，这是我给你们造的福。你们以后得叫我'爷'，谁不叫我就揍谁。"

孩子们看着能豆那石头一般的拳头，没有办法，一个个的都叫他"爷"。

这一切都被李耳看在眼中，记在心里。能豆当上了"爷"，得意地朝李耳走去，能豆又问李耳："耳叔，你到底在这里干什么呢？"

李耳说："在这看水呢。"

"看水？水有什么好看的？"能豆看了一眼水，不解地问道。

"我看水的伟大，它比你当'爷'伟大，比当'爷'的'爷'的伟大还要伟大，咱们应该向水学习。"李耳耐心地给

无为 老子

能豆讲着。

"水比'爷'还伟大？那水有什么好学习的。"能豆有点不服气地问。

李耳看到能豆的样子，笑了笑说："能豆，你看，这水多伟大啊，它无声无息地滋润着万物，造福于万物，又不居功自傲，它情愿到地势最低的地方。它给人们那么多好处，又不让人们称它'爷'，它不愿自称伟大，实际上它更伟大。它要是个君主，也是个上等君主。要知道君主分为四等：上等君主像水一样，他造福于人民，叫人民感觉不到他的存在；中等君主造福于人民，要叫人民称颂他；下等君主不造福人民，叫人民也称颂他；最下等君主残害人民，人民痛恨他。能豆，你是个很有能力的人，能爬到很高的树上摘果子叫大家吃，对大家有好处，可是你不如水，因为你要大家称爷。你有能力，将来也可能当君主。你如果当了君主，也是二等君主，也没有水伟大。我希望，今后咱们都来学水，天下的人都来学水。"

李耳说到这里，能豆一下子就明白了，他说："原来如此。我说耳叔整天在这里看什么呢，原来你看的是这些啊。耳叔，怪不得人家说你傻了，你在这里观水，想这些空道理有什么用呢？"

李耳笑着说："这叫傻人办傻事，我不光看这些、想这些，以后还要把这些写到书里面去呢。"

果然，在以后的《道德经》里面，老子写出了"上善若水"这一观点。

舌存齿亡

对于"舌存齿亡"这个成语,从字面上来看,我们都能看出是什么意思,无非就是舌头还在,牙齿却没了。但这也只是我们从字面上看到的,其背后的东西我们却没有深究过。在老子小的时候,他常常能看到常人无法看到的背后,那么关于这个成语,又是如何产生的呢?

李耳小的时候很少说话,但他善于思考,凡事非要想出个道道才行。

有一天,李耳和几个小伙伴在村外玩。这里有一棵大槐树,几个人合抱也搂不过来。他们觉得这树太强大了,遮出好大一片荫,几个人爬上去摇晃也摇晃不动。在树的下面长着一片细长的小草,由于常年晒不到太阳,又黄又瘦,随着微风摇来摇去,非常细弱。所有的人都赞扬这棵树的强大,认为这样的大树是坚毅不倒的,应该是最强大的。而地上的小草只是可怜的小植物,不知道什么时候就会枯萎消失。

这一天李耳和几个小伙伴又一起到村外玩,玩着玩着天空开始布起了乌云,风也越刮越大,李耳和几个小伙伴一起往树下跑。就在这时,狂风大作,小草被吹得贴伏在地面上,大树在狂风中悠悠地晃动身躯,似乎在说:"我是多么强大呀!什么也不怕。"不一会儿,随着一道刺眼的闪电,一阵震耳欲聋的雷声,大槐树断了,露出白白的断茬。躲在

无为 老子

一边的孩子们吓得张口结舌说不出话来。雷雨过后，李耳他们来到大槐树倒下的地方，看见那些树下的小草迎着阳光，顶着露珠挺立着，似乎更加神气了。

李耳陷入了沉思。

李耳回到家里，将看到的情景对老师商容叙说了一遍。年迈的商容张开嘴问道："我的牙齿还在吗？"李耳摇了摇头。商容又问："我的舌头还在吗？"李耳点了点头。"牙齿是刚强的，舌头是柔弱的，为什么到老的时候，舌存而齿亡呢？"李耳似乎一下子明白了，大声回答："舌因为柔软才长期存在，齿因为刚强而先落。老师，是这样的吗？"商容笑了。"你算是悟出这个道理了。不仅舌齿如此，天下万事万物都是如此。你懂得了这个道理，就是我把最根本的东西教给了你，再也没有什么可告诉你的了。"李耳听着老师的教诲，联想到屋檐下又硬又滑的青石板却被水滴凿出了一个个洞；想到许多争强好胜的人家破人亡，而谦卑有礼的人则得以保存；一些本来体魄强健的人，因忽视了调养，反而早逝了。他又想到人死后变得四肢僵硬，人们给他穿寿衣都比较困难。然而新生的婴儿，那手臂和小腿看上去多么柔软，多么弱小，但是却一天天长大起来。

李耳后来把这个道理总结为这么几句话："人之生也柔弱，其死也坚强。草木之生也柔脆，其死也枯槁。故坚强者死之徒，柔弱者生之徒。"不仅如此，李耳也开始纠正世人对于刚就是强、柔就是弱这种错误的观点。

有一天，李耳走在路上，看见一对父子在路边说话，父亲教导儿子说："人要表现得坚强，不可以表现得柔弱；人要表现得聪明，不可以表现得愚鲁。"李耳听完表示不认同，他走上前对这对父子说："人要表现得柔弱，不要刚强；人要表现得愚鲁，不要聪明。人要无为，无我，无欲，居下，清虚，自然……"

这对父子听完愣了一下，随即，那位父亲说："一般人都认为刚强好啊！"

李耳听完拿起脚下的一根树枝，"啪"的一声折断了，然后他对这位父亲说："刚强的就容易折断，柔弱的就能够保全。比如说，你身上什么最硬？什么最软呢？"

"牙齿最硬！舌头最软。"这位父亲回答说。

"嗯，你看……"李耳说着指着路边不远处的一位老者说："到了他那个年纪，牙齿全都脱落了，可舌头却是完好无恙的。"

这位父亲起初并没有在乎李耳的话，认为他只是一个小小的毛头小子，但听到李耳讲到这里之后心中油然升起一股钦佩之情。他赶忙躬身邀请李耳到他家里做客，希望可以多传授一些学识给自己的儿子。李耳欣然接受，三人边走边谈。

走到半路上，李耳看到一棵树长在路边，突然联想到开始他在村外看到的那棵大树的情景，便对这位父亲的儿子说："大树比小草刚强吧？"

"是啊，没有错。"那个小孩子回答。

"可是，你想一下，当大风来的时候，大树经常都是被风连根拔起，而小草却完好无恙。风无形无体，却能够拔屋倒树，水可方可圆，却能够怀山攘陵，这不是说明了刚强的未必就是强吗？而柔弱才是真正的强吗？"

"此话有理，可是，你又为什么说人要表现得愚鲁，而

无为 老子

不要表现得聪明呢?每个人不都希望自己看上去非常聪明,精于常人吗?"这位父亲不解地问道。

"一般人都认为聪明好,"李耳耐心地解答着说,"但一个智者应该表现愚鲁,因为大智若愚。就像大富翁通常是深藏不露的一样,就怕别人知道他有多少钱财,当别人说他有钱的时候,他通常会自谦地说自己并没有多少钱;反之,一个见人就说自己如何有钱的人,家里可能是空空如也,一无所有。"

这位父亲听完点头称是,并让李耳再教导一下他的儿子。李耳对他的儿子说:"如果要想有所成就,就一定要把全部的智力精力集中在一点,而在其他方面做一个愚者就行了。"

这位父亲听完李耳这番话,又感到不能认同,他反驳李耳说:"我认为一个人还是样样都学习一点比较好,这样,他的学识才够广泛,知道的也更多不是吗?"

李耳听完笑了笑没有说话,而是继续往前走。当走到一位下围棋的人身边时,他问:"请问这位先生,你诗、书、琴、画,样样都会吗?"

下棋的先生听完李耳的话,抬头对他歉意地一笑说:"对不起,我只懂得下棋,其他方面都不行!"

"哈哈哈,我就不一样,我诗、书、琴、画样样都有研究的。"这位父亲听完得意地一笑,赶忙夸口说着。

李耳并没有反驳他什么,只是淡淡地问道:"那你最精的是什么?"

"这……"这位父亲有点尴尬地说,"虽然我每样都会一点,可是却都并不精通。"

"其实,他是围棋第一高手呢!"李耳指着下围棋的先生对这位父亲说。

这位父亲一听，满脸通红地说："我只是皮毛之见，什么都只懂得一点点而已。"

"人不能处处装聪明，要样样皆能，路路皆通，结果变成肤浅无知，路路不通了。"李耳说。

这就是老子后来主张的柔弱就能谦下不争，愚鲁就能够弃华取实，一切因循自然。一般人只能看到事物的表面，而老子却能看到里面；一般人只能看到事物的正面，而老子却能看到事物的反面。就像一把锋利的菜刀一样，一般人只能看到刀刃锋利的一面，而老子却能够看到刀背钝的一面。

无为 老子

第二章

圣人传说

赴周求学

现代的人上学都会遵循着一条由小学到大学的路径，上小学可能会在这个地方，而上高中或许就去了另一个城市，等考上了大学或许又变成了另外一个陌生的城市甚至国家。那么，在老子那个年代是否也遵循着这样的路径求学呢？当他的启蒙老师商容无法再教老子的时候，老子又要如何选择呢？

老聃的老师商容在教授他3年之后，便来向老聃母亲辞行。辞行的时候他对老聃的母亲说："老夫才疏学浅，聃儿聪明伶俐，反应敏捷。本来我应该继续教授聃儿学习的。可如今我向你辞行，并不是我不想教授聃儿了，也并非聃儿调皮捣蛋，不求上进。而是，老夫我真的已经没有什么能够再继续教授聃儿了。聃儿这个孩子有着无穷的求知欲望，每每都会将问题探个明白，这实在是难能可贵。像现在这种情况，如果我再继续教授聃儿，以我这已知的学识，又如何能解答得了他那无穷的问题呢？这着实令老夫感到困扰。聃儿是一个有着大志向的孩子，而相邑这个地方是一个比较偏僻闭塞的村庄。如果你希望聃儿将来有所成就、成大器，那就要让聃儿离开此地前往周都以求深造。如此，才不会耽误了聃儿的前途。"

商老先生所说的周都被天下称为圣地。称为圣地的原因是，在这里贤士如云、典籍如海，如果想成大器就非得入周都求学不可，否则难成大器。老聃母亲也知道周都是圣地，她在听完商老先生的一番话之后心里就犯了难。她毕竟是一位母亲，而且现在她只有老聃这么一个儿子可以依靠。老聃是老佐唯一的根脉，现在为了求学而让他独自前往那么遥远的地方，又怎么能放心得下呢？

正在老聃母亲犹豫不决的时候，商老先生便已经想到她的为难之处，他赶忙对老聃母亲说："老夫和你说句实话，老夫有个师兄是周太学博士，他学识渊博，心胸豁达，而且还爱才敬贤，以助人为生，以助贤为乐，以荐贤为任。他现在光是在家里养着的神童就有好几个，这些神童都是他从民间挑选出来的。他教育这些孩子不让他们家里出一分钱，所有的费用都是师兄来出，而且待他们都如同自己的亲生骨肉一般疼爱。我曾经将聃儿的事情和师兄说起过，师兄知道聃儿好学而且善于思考，且聪慧超常，早就想见一见聃儿了。这几天师兄特意给我写了一封书信，说他家的家仆数人要路过相邑，想带聃儿一起回周都。这是千载难逢的好机会，千万不要错过了啊。如果聃儿前往我师兄那里，相信他在那里

无为 老子

一定不会吃半点苦,受半点罪的。"

老聃母亲听完商老先生的一番话之后是又喜又悲。她喜的是商老先生替聃儿保荐,使他有机会进入周都,有了更好的前程;悲的是一旦老聃去了周都,那就要母子分离,周都距相邑万分遥远,这一别不知何年何月能够再相聚了。老聃母亲想到这里,就感觉好像老聃已经与她分隔千里之外了,不觉心酸难抑,潸然泪下。

这时老聃见母亲如此伤心,聪明的他也明白母亲的心思,便一头扑进母亲怀中,哭泣着对母亲说:"母亲不要伤心,聃儿决不会辜负老师的厚望,等到我完成学业的时候,我一定早日回来接母亲与我团聚。"老聃说完,便与母亲相拥而泣。

就这样哭了很久,母亲似乎想开了一样转悲为喜,赶紧松开老聃,与老聃一起拜谢商老先生的举荐之恩。3天之后,全家人和商老先生一起送老聃离开,他们依依不舍地送老聃出了5里路之外,老聃一一跪拜,之后上马随着博士的家仆一起向西前往周都。老聃母亲就站在那里一直看着老聃的身影渐行渐远,直到再也看不见老聃的身影后才郁郁寡欢地上车,闷闷地回到了家。

老聃跟随博士的家仆到了周都拜见了博士之后,他进入了太学开始了他无尽的求学之路。在这里天文、地理、人伦,无所不学,《诗》《书》《易》《礼》《乐》无所不览,文物、典章、史书无所不习,仅仅过了3年便有了巨大而飞快的长进。就这样,博士又推荐老聃进入守藏室当吏,也就是相当于现在的国家图书馆馆长助理。可不要小瞧了这个守藏室,这守藏室是周朝典籍的收藏之所,收藏了天下所有的好文章，收藏了天下所有的好书。据说在收集文章书籍的时候，运输时的牛都累得出汗，存放在这里的书籍都可以堆至屋顶，可谓是汗牛充栋，无所不有。

老聃刚进到这里的时候，就如同蛟龙游进了大海，海阔凭龙跃；如同雄鹰展翅蓝天，天高任鸟飞。老聃如饥似渴，看遍了这里所有的书，看尽了这里所有的文章，渐渐地开始进入另一种境界，想通了礼乐之源，明白了道德之旨。就这样又过了3年，3年之后他又升迁为守藏室吏，相当于当了图书馆的馆长。

就这样，老聃的名声传扬到了各地，而且享誉海内外。

知己不易

很多人在看待别人的时候，往往会看得很清楚，可一旦轮到自己头上便慌了手脚，这就是所谓的知人容易知己难。这个道理看上去似乎很简单，但做起来却不容易。老聃在进入周都学习了更多的知识的时候，他又会发生哪些有趣的传说呢？

李耳小的时候经常会遇到一些事情，有一些看似"大事"的事情，他都不曾记得那么全。但有一件小得不能再小的、看似并不起眼的小事，却被他一直牢牢记在心中，不曾忘记。

那是在李耳小的时候，有一天李耳看书看累了，就一个人从家里走了出来，到村头去散步。散步的李耳走得很悠闲，他双手背在后面，慢慢地往前面的大柳树下走去。在大

无为 老子

柳树底下有几个孩子在玩,李耳走近一看他认识,有张孩、刘妮、赵虎,这三个孩子正嘻嘻哈哈地闹着玩。那个时候他们喜欢玩一种叫做"骑马蹲、坐桥晕"的游戏,就是你压在我的头上,我骑到你的身上,翻上翻下的。当他们三个玩累了,又开始玩一种叫做"黑狗钻裆"的游戏。

李耳看着好玩,就站在不远处看他们几个孩子在闹着玩。等玩得差不多了,几个孩子就待在一边,左找右找地从旁边采来一些树叶子,然后拿着树叶开始做小动物,一会儿做一个长耳朵兔子,一会儿做一个头上长角的梅花鹿,一会儿又做一个圆头圆脑的小甲鱼。

过了一会儿,赵虎从自己头上拽了几根头发,偷偷地把一个小兔子和一个小甲鱼模样的树叶系在张孩和刘妮的头顶上。就在这个时候,赵虎的娘在庄头大声喊着,叫他赶紧回家。这时,李耳走了过来,一声不响,在三个孩子旁边的大柳树根上坐了下来。他笑眯眯地看着三个小家伙,张孩头顶上的小兔子和刘妮头顶上的小甲鱼,让他感到很可笑,心里说:"这是什么游戏啊,我先不出声,看你们玩到最后能玩出个什么样。"

"赵虎!赵虎!快点回来!"赵虎的娘又开始在庄里喊了起来。

赵虎轻脚轻手地走到李耳身边,对着他的耳朵唧唧咕咕地小声说:"张孩头上的小兔和刘妮头上的小甲鱼,你可别对他俩说啊。"

李耳忍住笑,使劲点了点头,赵虎放心地走了。等赵虎走后,李耳笑眯眯地看着两个孩子头上的小兔和小甲鱼,心里说:"不说就不说,唉,这些孩子可真没意思,又真好笑。"就在这个时候，张孩抬头看见刘妮头顶上的小甲鱼在那里一动一动的，感觉非常好笑，他赶紧低下头，用手捂住嘴，不让自己笑出声来。而这时的刘妮呢，也抬起头，一下子看到了待在张孩头顶上的小兔子，也在那里一动一动的，她感觉特别滑稽，偷偷一笑，也赶紧低下了头。

等了一会儿，张孩实在憋不住了，笑着对刘妮说："刘妮，我看你是个小甲鱼。"

刘妮也抬起头，笑着还了他一句说："张孩，我看你是个小兔娃。"

张孩对刘妮说："你不知道，你真是个小甲鱼。"

刘妮也是这么对张孩说的："你才不知道呢，你真是个小兔娃。"

张孩继续对刘妮说："真的真的，我说的是真的，你是挂着甲鱼招牌的啊。"

刘妮一听张孩这么说，也直接说了："什么真的啊，你才是挂着兔娃牌子的呢。"

张孩收住了笑，认真地说："好了，不跟你闹着玩了，我对你说啊，真的，你头上系着一个小甲鱼呢。"

刘妮也止住了笑容，认真地对他说："你别骂我，我不跟你闹了，我说的也是真的，你的头上才系着一个小兔子呢。"

张孩却反驳着说："我知道我头上有什么，我头上啥也没有，不信你看，你头上是真有。"

这时的刘妮也开始反驳他说："你爱信不信，反正我头上什么也没有，而你的头上却是真的有，如果你不信那就顶着吧。"

坐在旁边的李耳这时实在忍不住了，他说："你们只看见别人身上的东西，却看不见自己身上的东西。你们快把骂

无为 老子

人的东西从头上拿下来吧。"

听到李耳这么说，张孩和刘妮赶紧用手往自己头上一摸，两个人同时把小兔、小甲鱼给拿了下来，也一下子都愣住了。一看，还真是，两个人对着脸笑了一阵，然后一齐说："一定是赵虎干的。"

张孩走到李耳身边，看着他说："耳叔，你头上也有一个，是只小鹿。"

李耳听完心里想着，这小家伙，玩到自己头上来了。他笑了笑说："不可能的，我头上什么东西也没有。"

这时刘妮也走过来，她看了一下说："真的，耳叔，不信你摸摸你的后脑勺，那上面挂着呢。"

这时李耳从后脑勺上摘下了那个用树叶做的小鹿一看，果然是真的。他哪里知道，这是赵虎对着他耳朵说话的时候，乘机系上去的。

李耳用手掂着那个小鹿，呆呆地进入深思，他好大一会儿没说一句话。张孩和刘妮问他在想些什么。李耳说："你们不知道，我是在想，你们头上的树叶，我看得清清楚楚，可我不知道我自己头上也有树叶。你们要是不对我说，我怎么会知道？我头上的小鹿是挂在后脑勺上的，我就是照镜子也不一定能看见，真是'知人容易知己难'啊！"

最早老师

每个人都有自己的老师，中国最早的哲学家李耳也不例外。当有人问李耳，你的老师是谁的时候，他笑着说:"我的老师很多,最早的一位是个哑巴。"哑巴老师能教出哲学家吗?说起来有一段值得品味的故事。

李耳小的时候,常常和一个叫铁橛的伙伴一起放牛,铁橛非常认死理,又好抬杠,外号叫"一斧子俩橛"。而李耳呢,是个遇事好弄个究竟,属于打破沙锅问到底的人。凡是他认为不合理的事,不争个水落石出决不罢休。所以这样的两个人在一起难免会因意见不合产生一些争论。

那时,隐阳山里有个人不常到的地方,这里有一棵世上稀有的大树,长得葱茏茂盛,十分好看。从那绿莹莹的叶子来看,它既像楝树,又像槐树。细碎的叶子有规律地长在青青的叶把儿上,三分像叶,七分像花,恰似用剪刀裁成的绿色图案,分外美丽!树旁边有间茅屋,屋里住着半仙山人赵五爷和他的调皮孙子赵铁蛋。

一天,李耳和铁橛一边放牛,一边下棋。突然发现,铁橛的牛失踪了,两个人都很着急。李耳赶快帮铁橛找牛,他往南找,铁橛往北找。两人怎么找也没找到,这时,李耳和铁橛两人从南、北两个方向一起往中间的那棵大树走去。李耳来到大树南面,见树身上被刮了一块皮,露出白生生的一片,上面歪歪斜斜地写着一个大"楝"字。铁橛来到大树北面,见树身上也被刮了一块皮,上面歪歪斜斜地写着一个大"槐"字。

站在树北面的铁橛看到树上的"槐"字之后惊叹地说:"哇!这棵槐树长得可真是不小啊。"

而站在南面的李耳看到的字却是一个"楝"字,他也感

无为 老子

叹地说:"是啊,这棵楝树长得可真是不小。"

铁橛听到李耳的话之后,他的犟脾气上来了,他头一横说:"这明明是棵槐树,为什么你偏要说成是棵楝树呢?"

李耳一头雾水地说:"这明明就是棵楝树,怎么成了槐树了呢?"

铁橛心里想:"这个李耳就爱和我抬杠,从来是我说东他偏要说西,看来这一次也是这样。不过,这次我可是有根有据的,看你还怎么狡辩!这一次我非抬过你不可!"想到这里,他的犟劲一下子就上足了,大声说:"李耳!你听着,这一回我铁橛跟你抬杠要抬到底,非见个高低、分个输赢不可!如果你赢了,我就叫你吐我一脸唾沫星子,可是,如果你输了,你说怎么办?"

李耳一听铁橛这么说,就知道他的犟脾气又上来了,他心想:"这个一斧子俩橛的家伙又犯上犟劲了,明明就是棵楝树,可他硬要说成是棵槐树,这不是在颠倒黑白吗?以往我和他争论他总是不服,这一次肯定又是这样。不行,这一次我非得让他心服口服不行!"

想到这里,李耳对树北面的铁橛说:"这真的是棵楝树,我没有与你争论,这真的不是你说的槐树。如果你不信我,非得和我论个输赢的话,那么我也只好如此了。你说过,如果你输了,你就让我吐你一脸唾沫星子,那好,如果我输了,我就让你吐我两脸唾沫星子!"

铁橛听到李耳这么一说,犟劲更足了,他瞪着眼说:"这就是一棵槐树!"

而李耳也不甘示弱地说:"这明明就是一棵楝树!"

"槐树!就是槐树!如果不是槐树,就让太阳从西边升起!"

"楝树！就是楝树！如果不是楝树，就让太阳从东边落下！"

两人就这样你一言我一语地争论不休，正互不相让时，赵五爷一手牵着铁橛走丢的那头牛，一手捋着花白胡子，笑呵呵地向他们两人走来，边走还边说："好了好了，你们两个小家伙就不要再争论了。你们争论得很有意思，这对弄清是非大有用处。可是，你们都不知道，你们都说错了，这既不是楝树，也不是槐树，而是一棵合欢树。那树上的'楝'字和'槐'字是我那捣蛋的孙子铁蛋为了糊弄人，故意写上去的。他刚跟我学了两个歪字就在那儿乱画。你们要记住，以后啊千万不要被玄虚所迷惑，今后看事情要从反看到正，从外看到里，从左看到右，从高看到低，从南看到北，从东看到西，不要只看事物的一面，知道吗？"

看到李耳和铁橛两人点头，赵五爷又说："好了好了，铁橛的牛我也给找着了，你们就别再抬杠了，快早点回家吧！"

铁橛一看自己的牛被找到了，心里更加高兴，他和李耳高高兴兴地走了。从那以后，李耳心里十二个窍门一齐开了，每遇事情，总要从多方面去看，细心研究，精心考证，终于成了中国最早的哲学家。当别人问他那位最早的哑巴老师是谁时，他风趣地回答说："它姓合，叫合欢树，赵五爷是这位哑巴老师的代言人。"

李耳架桥

架桥一般来说应该是大人干的事情，在李耳生活的那个时代，似乎怎么轮也轮不到一个读书人的

无为 老子

头上。可李耳却偏偏在河上架起了一座桥，这到底是怎么回事呢？这座桥又有着怎样的意义呢？

曲仁里村依山傍水，风景秀丽。村前有条两丈多宽的赖乡沟，沟水清澈平静，两岸柳暗花明。夏天，沟南沿那棵大李子树上结满李子。有的青绿，有的金黄，有的火红。常见树下坐个青年，手捧书本，默默用功。此人年轻却头发白，脸盘像儿童，身穿蓝袍，眉秀目明，温文尔雅，慈善真诚。他就是李耳。

这天，李耳坐在李子树下看了一阵书，抬头朝赖乡沟瞅去，见村里人扛着锄头下地，在沟北绕一大圈子才能到沟南岸，不由心里暗自思忖："大家下地干活常常绕很远的路才能到田里，如果能在河上架一座桥，那不是可以省下很多时间吗？这样，大家下地干活儿不就更加方便了吗？"

他想到这里，就回家准备架桥的材料去了。他请人帮忙将家里的几根木桩还有暂时不用的一根大梁搬到河边，他将几根木桩往赖乡沟正中间的水里一栽，又用根横木绑成支架，指挥着众人将大梁抬起来放到了支架上面。就这样，一座简易的独木桥就建好了。

自从独木桥造好之后，村民们再下地干活就方便多了，过河不用再绕来绕去地多走很多路，可以直接从河上经过，省了不少时间。李耳看到自己造的桥给大家带来了这么大的便利，心里十分高兴。可在高兴之余又有点发愁，他想："这独木桥毕竟太简陋了，大家从桥上走的时候一歪一扭的，还是非常危险的。如果碰上阴天下雨，那桥面肯定非常滑，大人在上面走都如此蹑手蹑脚，如果是小孩子岂不是更加危险吗？"

李耳想到这里就感到一阵阵的后悔。他回家说服舅舅，把院里的两棵碗口粗细的椿树给锯掉了，然后将椿树往支架上一搭，就这样，独木桥变成了三木桥。李耳上去走了几回试了试，感觉就像走在小路上一样，不用再蹑手蹑脚的了，这样也减少了很多危险。人们高兴地走在桥上，从心底里感谢李耳。一个好作诗的中年人摇着扇子从桥上走过，嘴里唱道：

赖乡沟上起金桥，

桥上仙人漫步摇。

摇扇作诗唱李耳，

耳弟年轻恩德豪。

可没想到，这桥刚架好没几天，桥上的木头就被人偷走了两根，又成了一座独木桥。李耳看在眼里，疼在心里。他非常难过，咬了咬牙之后，又回家说服舅舅，又伐了两棵碗口粗细的楝树架到桥上。可没过几天，两棵新架上去的楝树又被人偷了，三木桥又成了独木桥。

大家看到这种情况，聚在桥边断定，一定是个坏心眼的人偷的木头。可大家怎么想也想不出，到底谁会这么坏，将架桥的木头一次又一次地偷走。李耳的舅舅更是生气地对李耳说："你架桥我很高兴，可是你明着架别人暗地里偷，有多少木头都不够用。树！你不能再伐了，这个没良心的坏蛋，就让他过桥掉河里淹死好了！"

李耳的舅舅这样一说不要紧，被靠桥头住的王杠听见了。王杠平日里不光好吃懒做，偷东摸西，而且还是个赖皮，一旦被他赖上了便休想轻易摆脱他的纠缠。这个王杠听到李耳的舅舅这样咒骂偷木头的贼时，他一下子窜到他的面前，用

无为 老子

手指着他的鼻尖大声吆喝道:"你骂谁呢?就算木头不是我偷的,我也不准你在这里骂!这里离我家近,你再敢吭一声我就到你家去闹腾闹腾!"

李耳一听王杠这样不讲理,就上前和他去说理,劝他不要这样讲话。可没想到结果李耳被王杠给骂成了"臭书生"、"假善人"等。李耳见他不值得讲理,便劝舅舅赶紧回家,不要与他一般见识。而众人见王杠如此蛮横无理,个个都非常气愤。

就这样又过了几天,有一天狂风怒吼,乌云滚滚,霹雷闪电,暴雨倾盆,赖乡沟水拧着疙瘩往东淌,十分吓人!这雨一下不要紧,下地干活的人沿着独木桥往村里走,脚下非常滑,一不小心就会掉进河里去。这时,出外求学回来的李耳正披着蓑衣往家里赶,等他走到桥头的时候突然发现一个人影在独木桥上一闪,"扑通"一声掉到水里去了。

李耳赶紧往河边跑,他几步跑到桥边,见一个小女孩掉进了水里,正在水里拼命地挣扎着。李耳看到这一幕不顾一切地跳到水里,救起小女孩就往岸上挣扎。眼看就要游到河岸的时候,突然一个水浪扑来,又把两人给打到了水底。李耳与小女孩一起被急流推着往东漂了很远,一连喝了好几口河水,他已经感到精疲力竭了。但是,救人的念头使他生出很大的力气,他推着小女孩拼命往河边游去。

就在这时,从地里往家赶的村民发现了落水的女孩和李耳,喊来众人之后将两人从水里救了出来。此时的小女孩浑身湿漉漉的,披头散发,脸吓得一点血色也没有。而李耳浑身是泥,面如土色。众人围着李耳和小女孩,这时有一个人往小女孩的脸上一看说:"这不是王杠家的女儿王如吗?王杠这人坏得很啊,他女儿落水也是活该!谁让他整天就知道赖人!"

李耳听到这话喘了一口气说:"不能这么说,爹恶儿善,坏往好变。做恶事,收恶果;做善事,收善果。他善,咱用善对待他,他恶,咱也要用善对待他。要给恶人搭起善的桥梁。他女儿怎能不救?"

这时王杠也来了,他听到李耳的话,扒开人群过来,看见自己的女儿和浑身泥水的李耳,鼻子一酸,流出了眼泪,"扑通"跪在李耳脚下:"耳弟,你是我女儿的救命恩人!过去拆桥是我错了。我把偷走的木头再架上。"

从此,王杠洗心革面,再也不与村里的人耍赖皮了,也不再整天游手好闲干些偷鸡摸狗的事了,而且,村民们也能安安心心地从桥上过了。

图书馆长

老子进入周都后没几年的时间便当上了图书馆馆长,那么,上任后的老子又有哪些精彩的际遇呢?他当上了图书馆馆长是否表明他的学问就是最大了,不需要再去学习什么了呢?

李聃进入周王朝的宫中,不久,他就被周景王任命为守藏室之吏,用我们今天的话说就是图书馆馆长。当时,人们尊称他为老子。

无为 老子

担任图书馆馆长,给了老子一个极好的学习与研究学问的机会。于是,他每天沉浸在知识的海洋里,常常是读书忘记了吃饭,忘记了睡觉,忘记了周围的一切。他越读越发觉得自己的知识远远不够,越发感到世上有好多学问需要钻研。

老子一边苦读,一边仔细认真地整理图书资料。

老子做起事来,格外认真,一点也不马虎。周王室所藏的有远古以来各个时期的政治、经济、文化、民俗、教育、军事、治世经典等方面的资料。这批珍贵的资料中有刻在竹片上的、木条上的、甲骨上的,还有写在绢布上的,还有的刻在陶器和青铜器上。这就需要逐一识别、分类,按年代顺序和内容的不同来编号、排列,以便查阅。

这些种类繁多的文字资料,因年代久远,其中部分竹简、木简装订的皮绳或麻绳断了,致使板片脱落、散乱,造成文句颠倒,章页混乱。这就需要重新按照原来的顺序一一理顺,再用新的皮绳或麻绳装订好,放回原处。有些竹简、木板、甲骨、陶器等上面的文字经多次磨损而消失;有些绢布或麻布上的文字因火烧或鼠咬而缺页少行……类似的现象,需要重新刻写。然而,这些失掉或缺损的是什么字,就需要翻阅好多文献书籍,查阅校对,核准无误后,才能落刀下笔,一一补齐。

这是一件非常麻烦但又不可疏忽的事。老子做得非常认真,一丝不苟。

老子在担任周王朝的图书馆馆长期间,还经常到民间收集民歌、民谣和传说。

一年夏天,老子听说在远离周都的一个小山村,住着一群失业的手工匠,其中有不少人会唱民歌。他就亲自到那里采访。走到半路，突然乌云密布，电闪雷鸣，下起倾盆大雨来。老子不小心摔了一跤，浑身沾满了泥水，右脚也扭伤了。他强忍着脚疼，硬是走到了失业手工匠住的地方。老子诚恳和善地与他们闲谈，询问他们的难处，采集流传在他们中的民歌。失业的手工匠看到老子慈祥和善，又是这样关心他们的疾苦，都把他当做朋友，滔滔不绝地把当地的民歌唱给他听。

孔子问礼

孔子是儒家学派的创始人，是我国古代伟大的思想家、教育家和政治理论家。可以说孔子对我们的影响一点也不比老子差，我国都尊称孔子为孔圣人。就是这样一位圣人，与老子之间有什么关系呢？孔子又是如何评价老子这个人的呢？

老聃在周都待得时间久了，学问也越来越大，名声也越来越响。在春秋时，人们称学识渊博的人都叫"子"，以表示尊敬，因此，人们都称呼老聃为"老子"。

公元前523年的一天，鲁国的孔子苦苦钻研礼的学问，可始终没有得出结果，为此，他感到十分苦恼。当他听说老子经过多年苦心探索钻研，知识渊博，已经求得天道的消息后，就决定拜访老子。在拜访之前，他对弟子南宫敬叔说："周都的守藏室吏老聃，博古通今，知道礼乐之源，明白道德之要。现在我打算去周都求教老聃，你可愿意陪我一起去啊？"

无为 老子

南宫敬叔听到孔子的话非常高兴,欣然答应了孔子的要求,随即将此事报告了鲁国国君。鲁国国君批给了他们准行证,允许他们去周都拜访。鲁国国君派了一车二马还有一个随从一个马夫,由南宫敬叔陪同孔子前往周都洛阳。

老子见孔子千里迢迢从鲁国赶来,非常高兴,便热情地问道:"你来了,我听说你现在已经成了北方的贤者,可不知你是否已经懂得了天道?"

孔子回答说:"我还没有懂得天道。"

老子又问:"那么,你是如何去探求天道的呢?"

孔子回答说:"我钻研'礼、仁、义',以制度名数来寻求的。到如今已有整整5年的时间了,可是还没有得道。"

老子又问:"你又怎样继续去寻求呢?"

孔子回答说:"我是从阴阳的变化中来寻求,已有十二年了,可仍然没有得道。"老子说:"是啊。阴阳之道是眼睛不可看到、耳朵不可听到、言语不可表达、通常的智慧所不能把握的。因此,所谓得道,只能是体道。如果试图像认识有形、有声之物一样去认识道,用耳朵听,那是听不到的,用眼睛去看是看不到的,用言语去表达,也是没有合适的言辞能够表述清楚的。"

老子稍微停了一下,看了看孔子,又继续说:"你说你寻求了十二年而不得,那是当然的。如果道是可以奉献的,那么,人们就没有不把它奉献给君王的;如果道是可以进贡的,那么,子女就没有不把它进贡给父母的;如果道可以告诉别人,人们就没有不告诉兄弟的;如果道可以给予他人,那么,人们就没有不给予子孙的。但是,这些只是假设,是不可能实现的。原因就是道不可见、不可听、不可言、不可赠送。寻求道，关键在于内心的感悟。心中没有感悟就不能保留道；心中自悟到道，还需和外界的环境相印证。因此，可以说，得道之人是无为的，是简朴而满足的，是不以施舍者自居，也无所耗费的。自己正的人才能正人，如果自己内心不能正确领悟大道，心灵活动便不通畅。"

孔子听完老子的话之后，不禁更加佩服老子。老子对孔子也毫不保留地将知识全部教授给他。教授之后，老子又引孔子拜访大夫苌弘。苌弘擅长音乐，他便教授给孔子乐律和乐理。孔子学完，老子又引孔子参观祭神之典。孔子在老子的带领下考察了宣传教义的地方，察看了庙会的相关礼仪。这一路上使孔子感叹不已，获益匪浅。

就这样，孔子又在周都住了好几天之后，他便向老子辞行。

老子送孔子的时候对他说："我听说，富贵的人都喜欢送人钱财，而仁义的人都会送人良言。我既不富也不贵，没有钱财相赠与你，但有几句话相赠给你。当今的世上，聪明而善于深察的人，之所以会遇难而几乎丧命，那是因为这样的人喜欢讥讽他人，说别人的是非长短；善辩而通晓事理的人，之所以会不断招祸上身，是因为这样的人喜欢到处张扬他人的缺点与短处。一个人如果是作为别人的孩子，千万不要将自己看得太高；作为君王的臣子，千万不要将自己摆得太上，这一些还请孔先生切记。"

孔子诚恳地点头说："弟子一定谨记在心！"

老子继续送孔子往前走，走到黄河之滨时，见河水滔滔，浊浪翻滚，其势如万马奔腾，其声如虎吼雷鸣。孔丘伫立岸边，不觉感叹说："过去的一切就像这奔流的河水一样，不

无为 老子

论白天黑夜不停地流逝！黄河之水奔腾不息，人的年华也是流逝不止，河水不知道流向何处去，人生也不知道在何处归？"

听到孔子的话，老子说："人生在天地之间，其实是与天地一体的。天地，是自然之物；人生，也是自然之物；人有幼、少、壮、老之变化，犹如天地有春、夏、秋、冬之交替，有什么可悲伤的呢？生于自然，死于自然，任其自然，则本性不乱；如果不任其自然，奔忙在仁义之间，则本性必定会被羁绊。功名存在心里，则会产生焦虑之情；利欲留在心中，则会增加许多烦恼。"

孔子解释说："我忧的是大道理行不通，仁义也施展不了，而且现在战乱不止，国乱也得不到整治，所以才生出人生短暂、不能有功于世、不能为民解忧的感叹罢了。"

老子听完孔子的话又说："天地也没有什么人在推动它们，它们一样一直前行着，日月也没有人去点燃它们，它们也一样明亮着，星辰没有人去排列，它们一样排列有序，禽兽没有人去创造，它们一样也会自己繁衍生息。这一切都是自然的定律，哪里还用得着人类去烦心呢？人之所以生、之所以无、之所以荣、之所以辱，都是有自然道理的，这便是自然的道。顺着自然之理这种趋势，遵从自然之道而前行，国家自然而然会得到治理，人也会自然而然地充满正气，那个时候何须还整天满口地提倡仁义道德呢？如果不是这样，就是违背了自然规律，离人的本性更是远了很多。这就像是人在追赶逃犯一样，当人们将鼓敲得越响，来警示逃犯的时候，逃犯听到之后就会跑得越快越远，鼓声越响，逃得越远。"

老子说完停了一会儿，他手指浩荡黄河对孔子说："你为何不去学习这河水的大德呢？"

孔子不解地问："这河水有什么德呢？"

老子说："最善的人好像水一样。水善于滋润万物而不与万物相争，停留在众人都不喜欢的地方，所以最接近于'道'。最善的人，居处最善于选择地方，心胸善于保持沉静而深不可测，待人善于真诚、友爱和无私，说话善于恪守信用，为政善于精简处理，能把国家治理好，处世能够善于发挥所长，行动善于把握时机。最善的人所作所为正因为有不争的美德，所以没有过失，也就没有怨咎。"

孔子听完老子的这番话之后恍然大悟，他说："先生的这番话，让我茅塞顿开。所有的人都往上走，只有水是往下走的；所有的人都选简单的路径走，而水却往险境走；所有的人都喜欢洁净，唯有水亲近污秽。水的处境是处在所有人都讨厌的境界当中。如此一来，又有谁会与它相争呢？这就是所谓的上善吧。"

老子听完点了点头说："你是可以教的，你一定要记住：如果你做到了与世无争，那么天下就没有人能争得过你，这是效仿水的品德。'道'是产生天地万物的总根源，是先于具体事物而存在的东西，也是事物的基本规律及其本源。所以'道'是我们每个人都应该认知与理解的。水的德行就是最接近于'道'的，'道'无处不在，因此，水无所不利。它避高趋下，因此不会受到任何阻碍。它可以流淌到任何地方，滋养万物，洗涤污垢。它处于深潭之中，表面清澈而平静，但却深不可测。它源源不断地流淌，去造福于万物却不求回报。这样的德行，乃至仁至善。水善于滋养万物而不争

无为
老子

功德，能够在众人都厌恶的环境中安居乐业，所以它就接近于道的境界。安守着无人来争、与人无争的善地；心境如深渊一般清明宁静；行为因内心的祥和而对众生充满慈爱；言语因清静无为、不求名利而自然信义卓著；政治上也会因为无私无欲，不刻意追求有为之功而能因循自然地治理；在去除一切私心杂欲，求名取利好大喜功之心后，才能真正把所有的心力专注于办事，从而无所不通；行事也会看清真正应该发动的时机，而且善于把握时机。正因为他不刻意地去争权夺利、争功钓名，所以他既没有来自内心的忧虑、忧郁，也没有来自外界的忧患、忧难。"

孔子听完不住点头，老子见已没有什么再说的，只是在临行前又送了他一句忠告："孔先生啊，你要恢复的周礼已失去生命力了。你时来运转时就驾着车去做官，生不逢时就像蓬草一般地随风旋转。要知道善于经商的人总是将货物藏起来，好像什么也没有；有高尚道德的人容貌谦虚得像个笨人。抛弃你的骄气和过高的欲望吧！这些东西对你没有什么好处。"

老子的一席话，对孔子触动很大。回国之后，孔子的弟子们问孔子，老子是一个什么样的人时，他对自己的学生说："鸟，我知道它们善飞；鱼，我知道它们善游；兽，我知道它们善于奔走。对于鸟，可以用箭射它；对于鱼，可以用网捕捉；对于兽，可以用陷阱擒获。至于天上的龙，我不知道龙的形状，也不知道它是怎样乘着风飞上天的。我今天看见了老子，就像见到了龙一样啊！老子，真是我的老师啊！"

聊送挽幛

> 有一个故事名叫"塞翁失马，焉知非福"。李耳在年轻的时候也向人们验证了一个道理，那就是"祸福相依"。这到底是怎么回事呢？

李耳年轻的时候，常到离曲仁里十多里路的王家湾走亲戚。王家湾住着他的表弟，名叫王四。王四的妻子名叫马妮，模样虽不算多俊俏，可两口子就是有感情。

王四家原来有几亩地，自耕自种，日子凑合着也能过得去。一次，不幸他家遭了火灾，把三间堂屋连屋里的东西一下子全烧光了。王四哭天天不应，叫地地不灵，日子没法再过下去了，痛苦得要拿绳子上吊自尽。

李耳得知王四家的情况之后前去劝解，他说："人不能只有好时候，也不能只有坏时候，既然现在已经走到了这一步田地，还得想法继续往前走。这一切总是会过去的。听说这屋子的根基很深，你可以挖出根基的砖来卖些钱，买了房料之后再盖一所小草房先住着，这样好歹也有个栖身之所不是吗？"

王四听到李耳的劝解，一想也是，便照着他说的话去做了。王四和马妮两个人天天拿着铁铲抓钩去掏墙根基，砖头就越掏越多，一直掏到一丈多深的时候，才见到黄土。可没想到，当他们挖到黄土的时候，发现里面埋着十二口大缸，这大缸上面都盖着青石板。揭开石板一看，里面都是黄灿灿

无为老子

的金砖！王四这下子可高兴坏了，没想到一场大火竟然会给自己带来如此大的意外之财。

王四家发了大财，宅基地上又重新盖起了一片瓦房。王四与马妮整天吃也不愁，穿也不愁，用也不愁，简直是要什么有什么，享不尽的荣华，受不尽的富贵。他常常见人就说："我原来的屋子烧得好啊，如果没有那次的火灾，哪有我现在的荣华富贵啊，我这一辈子也别想挖出这十二缸的黄金啊！"

就这样，王四从原来的吃粗面变成了现在的吃细粮，又从吃细粮变成喝酒吃肉，最后又由喝酒吃肉变成吃尽山珍海味，就这样一直到最后，他连山珍海味都吃腻了。他穿的衣服也由原来的穿粗布到后来的穿细纱，由穿细纱变成穿绫罗绸缎，后来连这些华丽的绫罗绸缎也穿厌烦了。

李耳看到王四将日子过成这样，就前去劝说他，劝他富日子要当穷日子过，不要整天花天酒地，奢侈浪费，否则就算有千座万座的金山银山也禁不起如此折腾。可是这次王四并没有将李耳的话放在心里，他不但不听反而讥笑李耳是太过于操心。同时，他对自己的结发妻子马妮是怎么看也不顺眼，而且是越看越难看，越看越讨厌。

王四的心开始慢慢变坏，不再对自己的妻子有一点的关怀了。他偷偷地跟村东头一个外号叫"七仙女"的女人勾搭上了，两个人可以说是如胶似漆。有一天夜里，王四正和她私会呢，没想到被马妮遇见了，马妮和王四闹了个天翻地覆。王四恼羞成怒，他简直把马妮当成了眼中钉、肉中刺。为了去掉这颗眼中钉，以后可以正大光明地娶七仙女为妻，王四突然动了杀害马妮的歹心。可怜的马妮哪里知道这些，曾经在贫困时期非常恩爱的丈夫，会在发达了想要杀死她呢。

就这样，在一天夜里，王四把马妮按在床上，活活给掐死了。因为害怕马妮没死，又用斧头将她的头骨给砸碎，扔到村南面的枯井当中。可没想到，天网恢恢，疏而不漏，这件事终于东窗事发，官府将王四捉进监牢中判了斩刑。在处斩的那天，李耳去看他。他见了李耳之后哭得泪流满面，说自己早知如此就不该从地下挖出那十二缸的金子来，如果一直过着平凡的日子，那么他和马妮也不会得到如此的下场。

王四悔恨地对李耳说："表兄啊，我的事从头到尾你都知道。你是个舞文弄墨之人，我死后，你可以把我的事写下来，用来告诫后人啊，千万不要让后人再走我的老路啊！"

等到王四处斩之后被埋葬那天，亲戚邻居都不去给他烧纸吊丧，只有李耳一个人前去吊丧，还给他送了一条挽幛，一条一丈二尺长的黑布，上面写了四个大字：福祸相连。

理论县官

我们常听到一些刚直不阿的人勇于与恶势力作斗争。在李耳年轻的时候，他就是这样的一个人，当遇到贪官赃官时，他总会想办法与他们斗智斗勇，让他们有苦说不出。

李耳曾经在苦县住过一段时间。那时候的苦县有个县太爷，是个贪官，整天想的不是如何替百姓做主，而是整天算

无为 老子

计着如何能从百姓身上多压榨一点油水出来。他虽然官小却背景很硬,因为他有个在朝中做大官的爹。这个县太爷不但贪心,而且为人苛刻,大小事都喜欢找对方的碴儿,百姓们都在背后叫他"赖太爷"。

有一天,这个赖太爷坐着八抬大轿回县城,从东门里路过,见路北有一群人围坐在地上,听一个年轻人讲话。赖太爷一时好奇就问衙役:"那群人是干什么的?都聚在那里做什么?"

衙役看了那群人一眼说:"回大老爷,那是在听李耳讲学呢。"

赖太爷回到县衙之后,对衙役说:"你去听听李耳讲的是什么,看是不是有攻击本县的言论。"

"是!"衙役领命到李耳的讲学场去了。

不一会儿,衙役回到县衙:"禀大老爷,李耳讲的是天下万事万物都有一反一正两个方面,这两方面是对立的,又是互相转化的。譬如福与祸,悲与乐,二者既相连,又对立,我能转化成你,你能转化成我。"说到这儿,衙役又添油加醋地说,"他还说了,天底下的什么东西都在变,譬如当官的也不一定终生当官、终生享福欢乐,也会变的……"

赖太爷一听,可气坏啦,这明显是在向众人传递消息,说他这个县太爷不可能坐长久嘛。赖太爷双眼一瞪问:"此话当真?"

"半点不假!"衙役说。

赖太爷把眼一瞪说:"这还了得!这家伙分明是在妖言惑众,分明是借着讲学来煽动百姓对本县的不满!快快快!你带几个人快去把这个大胆狂徒给我拿上大堂!"随即传飞签火票捉拿李耳。

过了没多久，衙役们便将李耳押上了大堂。李耳虽然不知道赖太爷为什么要将他抓上堂来，但他心里明白，自己根本没犯过罪，所以心里一点儿也不害怕，他昂首挺胸地来到堂上。

赖太爷见李耳气度不凡，一副正气凛然的样子，也没敢叫他跪下，而是问："你就是李耳？"

"是的，在下正是李耳。"李耳不卑不亢地回答着。

"刚才是你在给众人讲什么乐挨着悲，福连着祸？"赖太爷又问。

"正是。"李耳回答。

"那可是你说的，万事万物都在不断地变化？"赖太爷又问。

"正是我说的。"李耳回答。

"那又是根据什么来说，万事万物都是在不断变化的？你今天就来回答本县。如果你回答好了倒也罢了，如果你回答不好，那么本县就算有再好的脾气，那也是要治你的罪的！"赖太爷捋着黄胡子狡猾地笑着说。

李耳这下明白了，原来是他在给众人讲了一个"变"字的道理，所以这赖太爷才要治他的罪。李耳当时就想，你让我回答这点道理，又有何难。他看了赖太爷一眼，不紧不慢地回答："天底下没有不变的东西，譬如一个人，总是由少变老；一件衣裳，总是由新变旧；一杯茶，总是由热变凉；一年四季，总是春变到夏，夏变到秋，秋变到冬，冬变到春。大老爷，你这个大堂刚修好时是新的，恐怕百年以后就要变旧。难道大老爷连这个道理也不懂吗？"

"大胆李耳！你竟敢攻击本县。你当着本县的面尚且如

无为 老子

此,那你在背后还了得!"赖太爷一拍惊堂木大声呵斥着李耳。

"我并没有攻击大老爷,李耳只是说了点实话而已。"李耳堂堂正正地说。

"啪!"赖太爷见李耳的气势压不下去,就使劲地拍了一下惊堂木说:"李耳,你听着!你说你没有攻击本县,那我问你,'当官的不一定终生当官享福',这句话可是你说的?"

李耳心里说:"我并没有说过这话啊,看来是这赖太爷蛮不讲理。就算我说了这话又有什么大不了的呢?"想到这里,他是又可气又可笑,他说:"这话是我说的,到底有哪些不对了?"

"在本县管辖的地盘上,你对百姓讲了这些话,你到底是何用意?难不成你想煽动百姓造反不成?"赖太爷又拍了一下惊堂木质问着。

李耳这一听心里气愤极了,他开始顶撞起赖太爷:"我的用意是:当官的不一定终生当官,在你任职期间要多为百姓做点有益的事,不要压迫得让人过不下去。老百姓好像是水,当官的好像是船,船在上,水在下,物极必反,压得过狠,水会翻船。你对百姓是好是坏,用不着我说,百姓喊你'赖太爷',值得你去深思。"

"大胆!你好大的胆子!好你个李耳,竟敢当众侮辱本县,真是胆大包天!快给我拉下去,关进大牢!"赖太爷拍着惊堂木,命令衙役将李耳关进大牢当中。

就这样,李耳被关进了牢房之中。

可没想到,在李耳坐监还不到一天的时间里,国君下了一道命令,说赖太爷的爹因勾结外国谋反,犯了滔天大罪,赖太爷也被革去官职，打进死牢。

新来的县太爷上任，得知李耳无罪，就开监放他出来。新来的县太爷是个好官，人送外号"好太爷"。他很尊重有学问的人。虚心听取百姓意见，不断向李耳请教治国安民的办法。

一天，他和李耳议论赖太爷的事，李耳笑着说："我只说一切在变，没想到他会变成囚徒。"

高论生死

每个人从降生下来的那一刻开始起，无时无刻不都在向着死亡靠近。"生"对于我们来说是一个喜悦的，充满希望的词；而"死"对于我们来说往往是充满黑暗的、绝望的词。每个人都摆脱不了死亡的命运，而几乎每个人都害怕死亡的那一天。虽然老子被世人传成神人一般，可他也依旧会面临死亡的威胁。面对生与死的事情，老子又是怎么看待的呢？

话说老聃当上了周都守藏室吏之后，数次回家看望母亲，想劝母亲一起跟他去周都。可是母亲在陈国相邑住久了，对左邻右舍的人有了感情，对这个环境也非常熟悉，她不愿意远离这个地方。就这样日月如梭、光阴如箭地过了一年又一年，转眼间已经过去30多年了。有一天，老聃在周都忽然接到家里的来信，信里说他母亲现在已经病危，想见老聃最

无为老子

后一面,希望老聃能马上赶回家。

老聃收到书信之后立马上报周天子,希望周天子能准假让他回去看望老母。等到老聃准假回到家中之时,母亲已经辞世。老聃面对母亲的新坟,看着眼前这茫茫大地上的一堆黄土,思念九泉之下的母亲,想着母亲生前的慈祥面容还有对他的养育之恩,老聃悲痛欲绝,寝食俱废。他席地而坐,不断地沉思冥想,直到有一天他突然发现自己其实是非常愚钝。他顺着这种思绪不停地追索着,希望可以弄明白什么道理。终于他恍然大悟,如释重负,多日来的愁眉不展终于消解了。等他一解多日的愁苦之后,突然感觉自己是又饿又困,于是他饱餐一顿之后倒头呼呼大睡了一场。

侍卫和侍女看到老聃这种现象都非常不解,私下开始担心起老聃来,怀疑他是不是受不了丧母之痛而变得精神失常了。可见老聃好不容易才睡下了,这多日来也是够他累的了,他们又不忍心将老聃叫醒问个明白。所以大家都一直拼命忍着,一直忐忑不安地等待老聃醒来。

好不容易等到老聃睡醒了,侍卫和侍女便上前询问老聃的情况,试图找出老聃不正常的地方来。老聃明白他们的想法,于是释然一笑,耐心地对他们解释道:"人生于世,有情有智。人因为有了情,所以人与人之间相处便会有感情,有温暖,亲情也变得难能可贵。而人因为有了智慧,所以便会通情达理,明事理,而且因为有了智慧,所以遇事也不会慌乱。"老聃看了众人一眼之后接着说,"情,是依附于智慧的,而智则是主导感情的。如果人一旦感情用事,让感情主导了智慧,那么人就会变得昏庸而是非颠倒;反之,如果人能够靠智慧来控制感情,那么人就会变得聪慧而遇事有个度，知道该怎么做，做到哪一步。"

"母亲生了我，自然对我来说是恩重如山。如今母亲辞世离我而去，我却难以断掉慈母之情。情难断，实属人之常情。但是难断却又不想靠理智来控制，那就会让自己乱了分寸，所以当初的我是悲痛不已，痛不欲生。如今，我端坐而沉思，忽然理智来了，以理智来控制感情，所以我的感情得到了控制，做事也有了分寸，什么事都可以调节好了。既然我的感情得到了控制，事情又想清楚了，自然会感觉到我的肚子饿了想吃东西，身子困了想睡觉了。"

侍卫听完有点不太明白，他问道："以智统情，那么如何用智慧来统治感情呢？"

"人这一生啊，都是从无到有的。既然是从无到有，那么到了最后自然也会变成从有到无。"老聃看了一眼侍卫，望了望天空说："我的母亲在还没有生下我的时候，与我是没有母子感情的，是母亲在生下我之后，我们之间才产生的母子亲情。现在母亲去世而我留在世上，母亲对我的感情已经不存在了，而我因为活着，所以我的感情也还随着我存在着。当我和母亲一样都不在世上的时候，那么我和母亲之间的感情也便会消失了。人在感情还没产生的时候到最后感情消失之后难道还有什么区别吗？"

侍卫听到老聃的反问，想了一会儿便摇了摇头，表示并没有什么区别。老聃继续说："既然两者并没有什么区别，那么我却在这里沉溺于感情当中，痛不欲生，不是很愚蠢吗？骨肉亲情是不容易断掉，每个人都是如此，这也是人之常情。可难断却不自制，这则是有悖于自然常理了。悖自然之理就是愚蠢。我就是因为想通了这一点，所以才能吃饱睡足。"

无为 老子

侍卫与侍女听完老子的这番话后顿时感到心中一片豁然,变得开朗了起来。

🌫 李耳得道

老子被我们世人比做一个"神"一样的人物,而在我国自古就有得道成仙这一说法,那么老子是不是也是因为得了道而成为一个神一样的仙人呢?那么,老子在年轻的时候究竟有什么样的奇遇才造就了他的成就呢?

李耳从小的时候就非常用功,整天勤奋读书。有一天他坐在濑乡沟边,一边读书一边想:"人间非旱即涝,风雨不调,百姓受罪。我怎么才能从这书里找到一个妙法,使天下通畅和顺呢?"想到这里,李耳合上书本,起身到树林里去散步。

正当李耳走在树林里的时候,他忽然看见前边拐弯的地方金光一闪,现出一条蓝色的小路,曲曲弯弯顺着山坡往大山上伸去,一直伸到云彩里不见了。李耳一时好奇,心想:"真是奇怪!我整天在这山上出入,山上的一切可谓是熟悉得不得了,可是我从来也没见过这座山和这条小路啊!难不成是因为我已经进到这树林太深的地方了?在这又深又密的林子里可能是没人来过,所以谁也没发现这条山路吧。既然我来了,那不妨沿着这条路一直往前走下去,看看到底能走到哪里去。"想到这里,他便沿着小路一直往前走着,顺着山势往上爬。

原来这座山的山顶是一片平地，青松翠柏，紫石绿水，荒草里开着红、黄、蓝、紫各色花朵。老松树上飞着成对的白鹤，飘着朵朵的彩霞。一棵大松树底下有座古香古色的八角亭，上盖绿琉璃瓦，底下四根大红柱子上绕着金龙。亭子旁边摆着十二个大缸，地上放着一个水瓢。亭子里有一张石桌，两条石凳子。两位老人正坐在石凳上下棋。有一位年纪大些的老人，头发、胡子雪白，而且眉毛长得老长，穿一身胸前带阴阳二气的青袍；还有一位年纪稍轻的老人，花白头、黑胡子，两眼虎灵灵的。那么，两位老人到底是谁呢？怎么会在这深山当中呢？原来他们是玉皇大帝派的白胡、黑胡二位使臣，他们是来点化一个德行兼优的人，使他得道成仙的。

这时，黑胡老人对白胡老人说："白胡兄，你说我们要向这个年轻人传授真谛，又不能直接说，这该如何是好呢？"

只见白胡老人捋了捋胡子说："这好办。我们就以面前的这盘棋和旁边的十二个大缸里的水为题吧。"

正当两位老人说话之间，李耳已经来到他们身边的大松树背后。他隐隐约约听见他们说"一个年轻人"，"不能直说"什么的。他在猜想是不是与他有关系，于是他就站在大树背后偷听起来。

只听黑胡老人又问白胡老人："白胡兄下棋，局局取胜，到底有何妙方呢？能否指点在下一点下棋之道呢？"

白胡老人说："这下棋如同用兵，要能放得开，又能收得拢。对一盘棋子，要看到全体，也要看到局部。要能把它们放得错综复杂，又能把它们收拢得平衡适中，就和那边十

无为 老子

二个大缸里的水一样。"

"老人家,您说得太好了!"李耳还没等白胡老人说完,便兴奋地忍不住从树后面走出来,大声赞叹着。可是令人惊奇的是,等李耳出来的时候,眼前什么也没有了,没有什么黑胡老人和白胡老人,也没有什么棋盘,留在眼前的只有那十二个水缸。

李耳来到这十二个水缸跟前,见缸里水有多有少,很不均匀。有的缸里水满满的,有的缸里水少得还不到半瓢。他想起刚才两位老人说的"能放得开,能收得拢,能叫错综复杂,能叫平衡适中",他看着缸里的水,心里豁然开朗。他拿起水瓢把十二个大缸里的水细心匀开,使十二缸水大致相等。他做完这些,抬头一看,咦!仙山美景全部消失,原来自己站在一片树林里,手里还拿着刚才读着的那本书。

这时的李耳才惊觉,自己一定是遇到仙人了。等他转身往回走,来到曲仁里村边的时候,眼前早就是一片新春美景,柳扯绿丝,桃吐嫣红,破烂屋变成新房。他认不出哪是自己的家了。

就在李耳不知所措的时候,突然过来一个黑胡子老头一把拉住他说:"耳叔,这些年你到哪里去了?"

李耳惊讶地看着对方,明明是一个比自己年长很多的长者,怎么会叫自己是耳叔呢?等他仔细看了看才认出来,这人正是自己好友的儿子王结实。李耳说:"我才出去了一会儿,你怎么就长了满脸胡子了呢?"

王结实也非常惊讶,为什么这么多年了,自己已经从一个孩子变成了一个老人,可面前的李耳却丝毫没变。王结实说:"可不是?那时候我还是个孩子,可如今已经老了。可是耳叔，为什么你却丝毫没变呢？"

李耳将自己在山上的情形对王结实说了一遍，王结实又惊又喜地说："怪不得这些年风调雨顺，政通人和，原来是你把十二个大缸里的水匀开了！那十二个大缸里的水是十二个月的雨量啊。两位老者下棋，那是仙人在点化你，你已经得道啦！"

从那以后，李耳更加聪明，成了半仙之体，看什么事看得更透了。

无为 老子

第三章

《道德经》问世

函谷著书

《道德经》传承了几千年，可以说是老子留在世上最具代表性的作品之一。在老子那个时候，是什么原因让他写下了这本书呢？又是在什么样的情况下写下这本书的呢？对于老子的"道"，为什么老子只写了短短的五千字呢？是他不愿意留下，还是另有原因呢？

周敬王二年（公元前518年），老聃守丧期满，不得不从陈国的相邑再次返回周都。周敬王四年，周王室发生内乱，王子朝率兵攻下刘公之邑，周敬王受到迫害。当时晋国的国力非常强盛，晋国出兵救援周敬王。王子朝势单力薄，与旧僚带着周王室的典籍逃到了楚国。为此，老聃蒙受了失职之责，因为受到这件事的牵连，他被罢免了官职。于是，老聃便打算离开周都找个地方归隐。他骑着一头青牛，打算出函谷关，西游秦国。

当老聃离开周都洛阳不远的时候，他看见四处都是一片荒凉，到处是断垣残壁，田地也都荒芜了，人烟稀少，枯草瑟瑟。田野里看不见一匹耕种的牛马，却在大道上四处可见奔驰不息的战马，有的马还拖着大肚子艰难地尾随其后。看到这样的一幕，老聃心如刀绞，内心想道："这么多的武器兵士，都是一些不祥之器，并非是君子之器。这样的兵器都是不得已才会用的，一定要适可而止。就算是靠这些兵器打仗胜利了也没有什么得意的，那些自鸣得意的人都是一些喜好杀人的人。如果君王是如此喜好杀人打仗，那么他就不会得到天下的拥护！以道来服众人，不以兵强而迫使天下，兵到之处必然是战火连年，大战之后必定是凶年祸事不断。天下有了人道，却将马约束起来，按人道去行走，致使马连撒粪都不得自由，撒在人道上。天下没有人道，战马就不需要在战场上驰骋，可以到荒郊野外自然生存。可一旦战马离开了郊外生存在战场之上，那么必定会国破家亡。"

话说函谷关，这是古代著名的雄关要塞。这里，北边紧靠黄河，南面接着秦岭，西边是一道高塬，十多里道路全在山谷之中，深险如函。是进入秦国的必经之地，素有"一夫当关，万夫莫开"之称。

当时，驻守函谷关的关令名叫尹喜。尹喜精通天象学问。一天早上，他站在函谷关的高台上，往东一看，只见东边的天空紫气升腾、祥云缭绕。一轮红日喷薄而出，万道霞光辉映山川。这紫气逐渐弥漫了原野，弥漫了城楼。尹喜惊喜地呼叫："紫气东来，必有异人来到。"于是，他便吩咐守关的

无为 老子

部下,清扫庭院,迎接贵人。

关令尹喜按捺不住兴奋的心情,急切地站到关楼上眺望。忽然看见关外的路上,一老者身穿黄袍骑着青牛,旁边跟着小书童慢慢朝着关门走来。这老者白发银须,飘飘如仙。尹喜赶忙跑下关楼前去迎接。

果然不错,这老者就是老子。尹喜非常激动,忙跪拜行礼,情不自禁地说:"先生驾临,关壁生辉,晚辈三生有幸啊!"

老子一惊,下了牛背,惊异地看着前面这位身着将服的人:"请问,你是……"老子问道。

"先生,我是这儿的关令尹喜。"尹喜笑着回答,"二十年前,先生在周朝王室中管理图书时,我曾向先生借阅过书籍,请教过先生不少问题。这些晚辈至今仍牢记在心啊!"

说着挽着老子向院里走去,边走边说:"老人家,您既然来了,就在这儿安心住上几天吧。"

老子在关里做客,尹喜对他安排照顾得非常周到,除了晚上安歇之时以外,尹喜几乎天天不离老子的身边。那敬慕之情,真是难以用语言表述。

就这样,一天、两天、三天、五天,老子几次提出要走,尹喜总是不放,眼看着整整的9天过去了。尹喜仍然不肯让老子走,仍然热情地招待、服侍他。老子心中十分过意不去,再三提出要过关西去,态度异常坚决。尹喜问:"不知你老人家执意要走都有哪些事要做?"

"我要到秦国去讲学,还要到西域流沙,到很远的地方去过真正的隐居生活。"老子认真地说。

"你老人家说的这些也都不是急着要办的,况且你老此去隐居，晚辈这辈子怕再也见不到你老了。你不能走，晚辈这里就是你最好的隐居的地方，你可以在这里著书立说，把你的主张和想法留给后人。"

老子听尹喜要他留下来写书，不免心中一震。想起原来在家乡时写成的书被大火焚烧，心里马上难受起来。他再也不愿写书了。但是看到尹喜一片真情，不免心动，感到人情难却，于是就答应了。

尹喜亲自动手，给老子取来了毛笔、墨汁，老长一串木札——没有写字的木简。另外，还准备了麻绳、刀子。这刀子是打算将木片上写错的字刮去的。

老子坐在东屋窗下的桌案旁边，手里紧握狼毫笔，面对桌上展开的木札，望着窗外青碧的竹桃，开始构思要写的文章。想了好大一阵子，也没能想出个眉目来，心里倒感到茫然起来。

老子放下笔，走出房子，来到关楼上。四处眺望，一下子心胸感到十分开阔起来。高爽秋空一碧万顷，莽莽沃野，一展苍黄；千山万壑，一张图画；浩浩宇宙，无限包容。老子登城，志在千里；眺望家乡，天边好像在身边。这时，豪情顿至，在他胸中又一次升起……

"有了，有了，我何不就将那大书用浓缩的语言概括地一写！就这样办！行！定了。就这样办！"老子自言自语地说着，决心一定，他快步走下关楼，兴冲冲地回到房里。

老子重新坐到窗底下桌案旁边，提起笔来，先将在路上想好的开头几句话写在木札之上：

道可道，非常道。名可名，非常名……

"写，就这样写。要用极少的话将大多的内容表达出来，

无为 老子

这样也就不枉我多年辛辛苦苦的笔墨了。"

老子废寝忘食，不停地写着。写成了。81章奇文写成了！他以极为精练的浓缩性语言，用5000字，以一当百，把他的巨型大著给全部概括出来了！一部上至高天，下至大地，中至人律的宇宙奇书，就这样在老子的笔下诞生了！

那时老子沉思默想，将他的智慧一个字一个字地写在了简牍上。先写了上篇，接着又写了下篇，据说写了几天。写完了一数，共有5000来字，取名为《道德经》。上篇叫《道经》，下篇叫《德经》，又分成81章。于是一部"五千言"的惊天动地的伟大著作诞生了！据说，关令尹喜读到这样美妙的著作，深深地陶醉了，被吸引了。他对老子说："读了您的著作，我再也不想当这个边境官了，我要跟您一起出走。"老子莞尔一笑，同意了。据说，关令尹喜真的跟着老子出走了。后来还有人看到他们两人一起在西域流沙那儿呢，而且都活了好长好长的岁数！

老子出关一直被人们津津乐道地传说着、演绎着。鲁迅先生也对此产生过兴趣，还专门创作了故事新编《老子出关》，还与别人打了一点笔墨仗。另外，老子出关中的"紫气东来"也成了中国文化中的一个基因，帝王之家将"紫气"当做吉祥、祥瑞。你看生个孩子如果紫气满室，古人认为这孩子必定大有出息。老百姓之家也把"紫气"当做吉祥的象征，于是把"紫气东来"这些字写在大门上。先民还认为，哪个地方有宝物，哪个地方就会在上空出现紫气。

有趣的是老子骑坐的"青牛"也成了道教文化中的一个著名的意象，青牛后来成了神仙道士的坐骑了。到后来，"青牛"也成了老子的代名词了，老子又被称为"青牛师"、"青牛翁"等。青牛还被老子家乡的百姓看做是神牛，说老子当初出关是乘着青牛飞过去的，并且又有一段美妙的传说。

今天在老子的故乡河南省鹿邑县城内的东北角上还有一处高约13米的高台，叫"老君台"，又叫"升仙台"，台上有座老子庙。庙前埋有一根碗口粗的铁柱子，称为"赶山鞭"。相传老子50多岁时曾在这里讲学，此地离老子家有很远的路，来来往往都要经过一座叫"隐阳山"的山。这座山很高，遮天蔽日，山北见不到太阳，冰天雪地，寸草不生。山南又烈日当空，庄稼枯死，老百姓受尽了苦难。老子目睹这一切，虽想解救百姓，但心有余而力不足。如今骑青牛飞过了函谷关，知道自己已经成仙，青牛也会说人话了，于是又要青牛一起飞回家乡去治理那座山。到了家乡，老子挥鞭打山，山顶被削去了，并且飞到了山东，成了泰山。再一鞭子打去，把山腰打到了河南，成了平顶山。这时鞭梢甩断，甩断的鞭子飞到了山西。老子一看手中的鞭子只剩下一个杆子，就顺手插在地上，这就是这个铁柱子的来历。老子又乘青牛飞走了，而那鞭子杆就永远留在了那儿。百姓感谢老子前来赶走山，因为从那以后老子家乡就过起了风调雨顺的好日子了。百姓就把老子挥鞭赶走山时站立的土台叫"升仙台"，将地上的铁柱子称为"赶山鞭"。唐高祖李渊尊老子为"太上老君"，又把这个台称为"老君台"，还修了庙，进行祭祀。这是老百姓何等瑰丽的想象啊！读了老子家乡的这一则传说，更感到老子是有血有肉地活在老百姓中间！老子文化就是这样一点一滴地积累起来的，中国的深厚博大的文化也就是这样一点一滴地衍生出来，又一层一层地累积起来的。

无为 老子

现在函谷关太初宫的正殿,就是当年老子著书的地方。他写的书就是《道德经》,后来被奉为道教的经典。

有用无用

我们经常对我们手中的东西进行评论,很容易因其表面而对其定义为"有用的"或"无用的"。那么,是否真的像我们表面上看的那样,看上去没用的东西就是真的没用,有用的东西就真的有用呢?

传说老子骑青牛过函谷关,在函谷府衙为府尹留下洋洋五千言《道德经》时,有一个年逾百岁、鹤发童颜的老翁招招摇摇到府衙找他。

老子在府衙招待了这名老翁。老翁见老子后略略施了一礼说:"我听说先生博学多才,老朽愿向您讨教个明白。"

老子一听回礼道:"先生请讲。"

老翁得意地说:"我今年已经106岁了。说实在话,我从年少时直到现在,一直是游手好闲地轻松度日。与我同龄的人都纷纷作古,他们开垦百亩沃田却没有一席之地,修了万里长城而未享出入华盖,建了四舍屋宇却落身于荒野郊外的孤坟。而我呢,虽一生不稼不穑,却还吃着五谷;虽没置过片砖只瓦,却仍然居住在避风挡雨的房舍中。先生,是不是我现在可以嘲笑他们忙忙碌碌劳作一生,只是给自己换来一个早逝呢?"

老子听了,微微一笑,吩咐府尹说:"请找一块砖头和一块石头来。"

老子将砖头和石头放在老翁面前说:"如果只能择其一,仙翁您是要砖头还是愿取石头?"

老翁得意地将砖头取来放在自己的面前说:"我当然择取砖头。"

老子抚须笑着问老翁:"为什么呢?"

老翁指着石头说:"这石头没棱没角,取它何用?而砖头却用得着呢。"

老子又招呼围观的众人问:"大家要石头还是要砖头?"众人都纷纷说要砖而不取石。

老子又回过头来问老翁:"是石头寿命长呢,还是砖头寿命长?"

老翁说:"当然是石头了。"

老子释然而笑说:"石头寿命长人们却不选它,砖头寿命短,人们却选它,不过是有用和没用罢了。天地万物莫不如此。寿虽短,于人于天有益,天人皆择之,皆念之,短亦不短;寿虽长,于人于天无用,天人皆摒弃,倏忽忘之,长亦是短啊。"

老翁顿时大惭。

点化子居

老子收的第一位徒弟看起来似乎就是尹喜了,那么在尹喜之前是不是真的就没有收过徒弟呢?还是收了一位不为人知的徒弟,那么他与这位徒弟之

无为 老子

间又会有着怎样的关系呢?

有一天，老聃骑着青牛走到梁（今河南开封）的郊外，正闭目养神，忽然听到有人大呼"先生"。老聃闻声，睁开双目，发现是弟子阳子居。

阳子居，入周太学，听说老子渊博，曾私拜老子为师。没想到在梁会与老子相遇。阳子居慌忙从高头大马上翻身而下，掀起锦绿长袍，跪拜于老聃所乘的青牛前。老聃下来，扶起阳子居并与他同行。

老聃问道："弟子近来忙于何事?"

阳子居施礼道："弟子此次前来是为了回到先祖故居，购置房产，再将房屋装修一番，再招几个家仆，好整治家规。"

老聃听完说："有可以容身睡觉又能吃饭喝水的住所就足够了，怎么还需要这样的大肆铺张?"

阳子居解释说："先生讲究的是修身养性，打坐的时候需要寂静，行走的时候需要松弛，餐饮讲究清淡，睡觉只需要安宁，这样的条件如果不是在深宅独户，怎么能够做到呢？如果建了深宅大院，不去招几个家丁仆人，不再添置各种用具，怎么能够撑得下来呢？一旦招了家丁仆人，买了各种用具，如果不再立个家规，怎么能够好好地管理他们呢?"

老聃听完阳子居的解释大笑道："大道讲究的是自然，何必去强求自己清静呢？行走不必强求自然会松弛下来，餐饮不讲究奢侈自然就会变得清淡，睡觉的时候心中没有欲望当然会宁静下来。修身怎么非得要在深宅里面进行呢？肚子饿了就吃，身体累了就休息，太阳出来了就工作，太阳落山了就睡觉。居家过日子怎么就非得需要这么多家丁仆人？顺其自然而无为，就会心神安宁身体健康；如果违背了这种自然规律，必然会心神不宁而有损身体健康。"

阳子居听完老聃的话知道了自己的浅陋，惭愧地说："弟子明白了，多谢先生的指教。"

老聃听完又问他："你现在将家安在哪里了？"

阳子居回答说："在沛（今江苏沛县）。"

老聃说："我正好要去那里，我们就一起结伴而行吧。"

阳子居听完非常高兴，欣然与老师结伴向东而行。走到难水，他们一起坐船过去。在上船的时候，老聃牵着牛先上了船，阳子居牵着马跟在老聃的后面。老聃慈容善貌，与一起乘船的人有说有笑，其乐融融。而阳子居却昂首挺胸，一副高傲的模样。船上的人看到阳子居这副样子都以为他是一个有权有势的大人物，纷纷给他让座，船主也赶紧给他端茶倒水。就这样过了难水，老聃和阳子居继续前行。

老聃看着阳子居的样子叹了口气说："刚才见你的神态，昂首挺胸，傲视旁人，一副唯我独尊的样子，这样的狂妄自大，真是不可取。"

阳子居听到老师的批评，面带愧色，非常诚恳地说："弟子的这种习惯已经养成了自然，并非是弟子故意这样去做的。从今往后，弟子一定努力改正。"

老聃说："君子与人相处，就像冰化在水中，与人一起做事，就像是一个家仆那般谦虚；内心纯洁的人在世俗社会里看似污秽，品德高尚的人在世间貌似俗气卑下。其实这正是那些清高的人能在俗世间隐藏自己而不同流合污。"

阳子居听完，一改原来的高傲，他表现得既不矜持也不

无为 老子

恭维，其谈吐之间也是不卑不亢、不骄不媚。老聃非常赞赏他的这种表现，夸道："你有了一定的进步。人嘛，是生于父母之身，行走在天地之间，属于自然之物。如果娇贵自己而作贱别人就是违背了自然，如果娇贵别人而作贱自己那就是违背人的本性。将所有的事物与自己一样看待，就可以随心所欲地决定自己的行止，合乎自然之道，也合乎自己的本性。"

《道德经》传

我们知道了《道德经》是在什么样的情况之下写出来的，那么让老子写下《道德经》的尹喜后来与这部书又有着怎样的关系呢？或者说，尹喜的命运在遇到老子后，又发生了什么变化呢？而《道德经》又有一个怎样的神奇故事呢？

老子因久居中原，打算出关西去登昆仑山。守关的关令尹喜通过占卜，预知会有神人从这里经过，就命人清扫了40里道路准备迎接神人，果然老子来了。老子自出行以来，在中原一带从来没有传授过什么人，他知道尹喜命中注定该得道，就在那里停留了下来。

老子有一个仆人叫徐甲，从少年时受雇于老子。按当时的雇佣工钱，老子每天应付给他100钱，一共欠了他720万钱的工钱。徐甲见老子要出关远行，途中想离开老子回家。但在途中老子无法兑现他的工钱，徐甲就求人写了状子，告到尹喜那里。替徐甲写状子的人并不知道徐甲已跟随老子近200年了,只知道他如果索回老子所欠的工钱,就会成为富翁,于是把女儿许配给徐甲。徐甲见那女子很美,非常高兴,就把告老子的状子递交给了尹喜。尹喜看了状子大吃一惊,就去告诉了老子。

老子把徐甲叫到跟前,对徐甲说:"按你的年龄,你早就死了。我当初因官小家贫,连个替我打杂的人都没有,就雇了你,同时也就把'太玄清生符'给了你,所以你才能一直活到今天。你还有什么不满足的呢?我当初也曾答应你,将来你死后我将你送入'安息国',那时我会用黄金计算你的工钱,全数给你。你怎么竟这样等不及呢?"说罢,就让徐甲面向地面张开嘴,那'太玄清生符'立刻被吐了出来,符上的朱砂字迹还像刚写时一样,而徐甲则顿时变成了一具枯骨。尹喜在旁边看得目瞪口呆,知道老子是神人,立即跪下磕头拜师,为徐甲求情,并自愿替老子还清部分欠债。老子就把那"太玄清生符"又扔给徐甲,徐甲又立刻复活了。尹喜就给了徐甲200万钱,打发他走了。

尹喜向老子恭敬地执弟子之礼,老子把长生之道的秘方授给了他。尹喜又向老子请求更进一步的教导训诫,老子口述了5000字,尹喜回去后记了下来,这就是老子著名的经典《道德经》。老子走后,尹喜按照老子的教导修行,后来果然也成了仙。

汉代的窦太后非常崇尚老子,汉文帝也非常喜欢老子的著作。由于窦太后和汉文帝的推崇,窦氏家族中人人都读老子的著作,读后都获益匪浅。所以汉文帝、汉景帝在位时,天下太平,国运兴盛,而窦氏三代也保住了他们的富贵和皇

无为 老子

帝的恩宠。太子的老师疏广父子也深深理解老子的道义,知道功成身退的道理。父子二人同一天辞官回家,把他们的财富散给了穷人,以保持高尚的节操。

后来的隐士们,凡是遵从老子道学的,都抛弃了世俗的荣华富贵,致力于修身养性,在险恶的乱世没有遭到颠沛坎坷的惨境。老子的学说和道术渊博深邃,流传很广,值得后代万世向他师法学习。所以庄周一派的门徒,也都把老子奉为他们的宗师了。

除此之外,老子一直被人传为"白骨真人",其实这也与徐甲有关系。这是另一种传说:话说春秋末代,当时诸侯混战,弱肉强食,生灵涂炭,周王朝正处于风雨飘摇中。公元前516年,周王朝内乱,藏室典籍遭受抢掠,老子因此被免职。于是老子效法古代圣人"邦有道则见,邦无道则隐"的行世方式,就驾青牛之车,以薄板为车盖,徐甲为车夫,打算西出函谷关隐居。

过函谷关时,受关令尹喜邀请,老子为他著书五千,史称《老子》(俗称《道德经》)。在逗留函谷关期间,老子深知此次出关,路途遥远,一路艰险,车夫之责可谓任重而道远,于是决定考验一下徐甲。车夫徐甲是何许人?原来老子当年在沛泽修道时,曾看见路旁有一堆嶙嶙白骨,慧眼一观,似有魂魄飘荡,向老子表达着向道之意。老子慈悲,便施道术,将白骨点化成人,这便是年轻英俊的徐甲。他感激老子活命之恩,主动要求一生追随老子,照顾老子的生活起居,也希望自己得闻道法以摆脱生死之苦。远行前老子许诺徐甲,一旦陪他西游修道回来,一定会用黄金来偿还工钱。徐甲感老子再生之恩,再说他也无家可归,于是答应为老子当车夫。老子本着"圣人永远善于拯救人，而没有被遗弃的人；永远善于拯救万物，而没有被遗弃的物"的情怀，有心给他机会一同远行，以便见机度化他。

一天，老子手拈一根吉祥草化为一位绝代佳人。天天在野外放牛的徐甲遇见吉祥姑娘，为她美色所惑，于是向关令起诉老子拖欠他的历年工钱。他心想只要拿到为数不少的工钱，就能留下来跟佳人过日子。老子见他道心不坚，贪恋女色，怒其不争气，令他大失所望。于是不由得拿起手中的拐杖往地上一插，只见地下霎时涌出一股清泉，这就是如今的"化女泉"。只听老子心平气和地问他："你还记得你是怎么活过来的吗？"徐甲低头不语。"你张开口。"老子用威严的口气说。徐甲心虚，不由自主地张开嘴巴。老子于是举手一招，那张吞下多年的符从徐甲口中飞出，落到老子手中，符上的丹篆跟新的一样。徐甲失去了生符，转眼间变成了一具白骨。其状之惨，不堪入目。已拜老子为师的尹喜连忙问，"尊师这是何故？"

老子回答："他早就死了，是我用太玄清生符赐予他，才可以活到今日。可他却不念活命之情，迷恋女色，反而背信弃义来起诉我。"尹喜见徐甲因违心导致死亡，加之，想一睹老子起死回生之术，于是跪地磕头为徐甲求情，恳请老子赦免徐甲的罪过，让他再次活过来，自己愿意出资代偿工钱。老子见尹喜慈悲且舍得钱财，于是答应了尹喜的请求。只见老子将符投向白骨，符着白骨，立刻又变为徐甲。老子说："我不怪你，是你自己违背了约定，道已离你而去，故重新进入生死轮回。现在我偿还你的工钱。你走吧！"尹喜如约，拿自己的积蓄，付清了徐甲索要的工钱。

无为 老子

　　这时徐甲如梦初醒，后悔不已！哀求老子让他继续留在身边。徐甲匍匐在地，狠命地扇自己的耳光，哭泣着说："我已沐浴您的圣恩，赦免我的罪过，让我从朽骨重新见到光明，这个教训是多么刻骨铭心。我情愿一辈子为你老驾车，不要工钱。求您再给我一次机会。"

　　老子说："不是我不愿意，道不可须臾离也，可离非道。你的做法已经离道万里。不是我不愿意，是你自绝于道。天作孽犹可改，自作孽不可活。我原来说到时用黄金还你工钱，是想传你金丹大道，让你永世解脱。谁知你……"老子说到此不想多说了，坚决不答应徐甲的苦苦哀求，以礼遣送走徐甲。

　　不过后来据说，徐甲自从听了老子一席话，明白了老子的一片苦心。虽然被赶走了，但他能汲取这个刻骨铭心的教训，从此祛除私心杂念，精心钻研，终于得道成仙，传说他就是道教推崇的"白骨真人"。

论养生经

　　老子离开周都洛阳之后，本想过隐居的日子，不闻世事。然而像老子这样有名气的人，真的能够隐居起来吗？在隐居的这段日子里，又会发生什么事呢？又会有哪些人找老子并来拜访他呢？

　　话说老聃离开周都洛阳之后来到了宋国沛地，本想从此隐居于世，自己开荒种地，自己织布做衣，一切都过着自给自足的生活。但岂知名声在外，没脚也能日行千里，老聃的住处很快就被世人所得知，慕名前来拜访求教的人络绎不绝、接踵而至。有来求问修道方法的，有来请教学术造诣的，有来求教处世要诀的，总之问什么问题的人都有。就这样一来二去，老聃的弟子开始遍天下。

在这些弟子中，有一个弟子名叫庚桑楚，深得老子之道，他住在北部的畏垒山上。在那里住了3年，畏垒山开始民风大变。在这里，只要是男人能耕作就可以有饭吃，女的只要会织布就会有衣服穿，所有的人都各尽其能，一切商贩都是童叟无欺，百姓之间和和睦睦，世间太平。所有的人都想推举庚桑楚为国君。这件事被庚桑楚知道后心里很不高兴，他打算离开这个地方，不做什么国君。许多人对庚桑楚的做法十分不解，问他为什么会这样。

庚桑楚解释说："巨兽一张口就能吞掉整头牛，它的气势可谓是很强大了，但是就算这样，当它独自走进山林之外时，也难免不被人捕获；巨鱼一张嘴就可以把一条小船给吞进肚子里，它的力气可谓是很大的，但是，当它跃出海面落在海滩上面时，一群蚂蚁也能将它吃掉。就是因为如此，鸟才不会嫌天高，野兽才不会嫌森林密集，鱼才不会嫌海太深，兔子也不嫌自己打的洞太多。正是因为天高，所以鸟才可以任意飞翔；林子密了，野兽才便于藏身；大海深了，鱼才利于藏身；洞多了，兔子才能在危险的时候逃跑。这所有的一切都是为了保命才会选择这样的一生的。善于保护自己终其一生的人，是喜欢将自己的锋利藏起来的，所以才不会讨厌平庸卑贱的生活。"

庚桑楚的弟子当中有一个叫南荣的，年过30了。今天听说庚桑楚在谈论养生之道，所以就来请教有关养生之道。庚

无为 老子

桑楚对南荣说:"古人说,土蜂不能孵青虫,越鸡不能孵鸿鹄,它们之间各有各的能,也各有各的不能。我的才能有限,不能够教导你,你为何不去宋国沛地求教老聃先生呢?"

南荣听完庚桑楚的话后,辞别庚桑楚,顶风冒雪走了七天七夜,终于来到了老聃的家中。南荣拜见老聃之后对他说:"庚桑楚的弟子南荣,资质愚钝不怎么聪明,特地走了七天七夜来这里求教圣人。"

老聃听完问他:"你有什么问题想知道呢?"

南荣回答说:"养生之道。"

老聃说:"养生之道在于神静心清。如果一个人可以做到神静心清,就可以洗去内心的那些污垢了。心中的污垢一是为了物欲,二是为了渴求。如果能够将物欲与渴求去掉,那么心里自然就会坦然;心中做到了坦然,那么无论是动还是静都会很自然。如果动静都能很自然,那么心中就不会有所牵挂,于是想睡就睡,想起就起,想走就走,想停就停,外界的一切事物都无法阻挠到内心的平静。所以学道之路,就是内与外都消除那些不必要的欲望。所谓的内是指内心;外自然就是指外在的事物了。一个人可以做到内外两除,就必须做到内在舍去欲望,外在除去物质的一切诱惑。内外两忘的人,其内心是忘却欲望的,外在也会忘却所有的诱惑。由除慢慢发展到忘,就会变得内外一体,一切都归于自然,于是就会达到大道了。如今,你仍然对学道念念不忘,这也是一种欲望。除去求道的欲望,就会变得心中宁静;心中宁静了,就可以修成大道了。"

南荣听完老聃的一番话,顿时将苦心求道的心放开,一片释然,身心马上觉得变得清凉爽快、舒服极了,将一切都看得非常平静淡泊。于是南荣拜谢老聃说:"先生一席话,胜我十年修。如今我已经不想知道如何得大道了,只想知道养生之经。"

老聃说:"养生之经,要在自然。它动的时候你不知道它的去向,止住的时候也不知道它为什么会止住,如闲云在天,想卷就卷想曲就曲,随波而流。天地万物皆由阴阳相摩相荡交感而成,而人的内在心理结构正与之相契合。当动的时候如流水一般,当静的时候如明镜一般,其反应极快,这就是养生之经。"

南荣又问:"这就是完美的境界了吗?"

老聃回答他说:"不是。这只是为了清静自己的身心,进入自然的原始状态。如果想进入完美的境界,那就得与禽兽一起生活在泥地当中也不会觉得卑贱,与神仙一起享受天乐也不会为此感到华贵;行走在世上不去做与众人相反的事情,闲下来的时候也不去想如何算计他人,干活的时候也不会劳心伤神;来的时候不为任何东西所求,走的时候不为任何事情所诱惑。这样才算得上完美之境。"

南荣听完还有些不太明白,又继续问:"那么,敢问先生,这样的境界就到头了吗?"

老聃听完微微一笑说:"当然不是。一个人行走在天地之间,要心如止水,没有一丝杂念。就如同在炎炎烈日之下也不会感觉到热,在冰雪皑皑当中也不会感觉到冷一样,刀剑不能伤到一丝,虎豹也不能害他分毫。于是祸事就不会降临,当然福事也不会来到。祸福都没有了,当然苦乐也会没有了。"

南荣若有所思地点头称是,最后满意而归。

无为 老子

再授孔子

孔子第一次到周都拜访完老子之后,回去告诉众人,说老子是龙一样的人。孔子在受到老子指点之后,他与老子是否再也没有任何瓜葛了呢?还是一别几年之后,孔子能再次得到老子的指点?

话说孔子与老聃在周都相别之后,这一过就是十七八年,等孔子到了51岁那年,还是没有学到大道。他听说老聃回到了宋国沛地隐居,特意带着弟子再次去拜访老子。

老子见孔子来访,连忙请他们到正房一坐。坐下之后老子问孔子:"我们这一别可是十几载,我早就听说你现在已经成为了北方的大贤才。这次光临寒舍,有何指教?"

孔子听完连忙拜道:"弟子不才,虽然我整天精心思考,勤奋学习,但这十几年当中就像一直在门外游荡一样,根本没有进入大道之门。这次特意前来拜访先生,希望能得到先生的赐教。"

老子说:"要看大道,首先要将心放在事物的最初点上。天地之间,宇宙之外。天地万物,日月山河,形态与性质都是不一样的。这一切的相同点就是,都是顺自然之意来生来死的,也都是随自然而行而停的。不同的地方则是每一个人,每一种事物的表面样子都是不一样的。我们知道一件事物的不同,是因为看到了物质的表面;知道相同则是因为看到了物质的内在本质。如果我们能将事物的不同之处舍弃不见而只看事物的相同之处，那么我们就能游刃于事物的最初状态了。物之初，融合于一体，无形无性，也没有任何不同。"

孔子听了反问道："我们只观察事物的相同之处，又有什么乐趣呢？"

老子说："我们观察事物的相同之处，就能将万物看齐，天地与我并生，而万物与我为一。如此就可以将生死看为昼夜，祸福相同，没有什么贵贱之分，也没有什么荣辱，心如古井，自得其乐，如何能不快乐呢？"

孔子听完之后，再看自己的身体似乎就像是没有用的物品一样，想到加在自己身上的所谓的荣誉都如同粪土一样。又在想，自己来到这个世界上之前会是什么样的形态呢？又有什么荣誉呢？想到自己在去世之后又会有什么身体肌肤，有什么贵贱之分呢？于是，孔子开始那种想求仁义、传礼仪的心思立马消失，如释重负，无忧无虑，悠闲自在。

老子看到孔子的样子又说："道深如海，高如山，遍布整个宇宙无处不在，周流不息而且没有哪个地方没有道。我们去求道会不得道，谈论道而论之不及。道者，是生育天地而不衰败、资助万物而不匮乏；天因为有了道所以才会高，地有了道所以才会厚，日月也因此而运行，四季也会有序地来回，万物也得到了应有的形态。"

孔子听完，如同腾云而上，又如潜水到海底，如同进入了山林之中，如同与物体融入一体，天人而合一，自己如同万物，万物也如同自己，顿时感到心旷神怡，不禁赞叹说："真是广阔，无边无际。我在世上已经活了51年了，只知道仁义礼仪，哪里还知道宇宙是如此空旷广大呢。这次了解真

无为 老子

是太畅快了。再讲，再讲！"

老子见到孔子已经进入大道之门了，就再侃侃而谈说："圣人处世，遇到事情而不背道而驰，事情过去之后而不念其过去，任何事物都是顺着事物任其自然流转的。能够调和成功而顺应的人，一定是有德的人；能够随着顺势而顺应的人，一定就是得道的人。"

孔子听完，就如同白云飘动，随风而行；就像水在流转，就势而迁。他惊喜地说："这种感觉太妙了。坐船漂在海上，坐车走在路上。进的时候一起前进，止的时候一起止住，何须用自己的力量去代替车船呢？君子的性格并非异类，真是太妙了。请先生再讲，再讲！"

老子也非常欣喜孔子的这种变化，又说："由宇宙的最原始开始看起，万物都是由气变成的，也是由气而灭亡的。人之所以活着，就是因为我们能够自由呼吸；人之所以会死去，那是因为我们的气散了，不能再呼吸了。人生于天地之间，如同光阴一般，一会儿就不见了。万物之所以生长，长得蓬蓬勃勃，没有不是从无到有的；世上有这么多种类的物，变化万千，没有一个不是从有而变为无。物之所以生，是由无化为有的；物之死，是由有又化为无。有，是气聚在一起我们可以看见的；无，是气散了不见了，是我们看不见的。有就是气，无也是气，有无都是气，所以生死只在一气之间。生的人没有不死的，但是当人们看到降生的人都会很欢喜，见到故去的人都会非常悲伤，这难道不奇怪吗？人死之后就如同解开了形体的束缚，解脱了性情的约束，只是从暂住的这个世界又重新回归原来的世界罢了。人远离了原来的地方，如同游子远走他乡一样；人死之后就是重新回归原来的故乡。所以生不要以此为喜,死不要以此为悲。得道之人,看待生死是一样的,生为安乐,死为安息。看待是非也是一样的,是就是不是,不是也就是是。看待贵贱也是一样的,贱是不贱,贵也是不贵。看待荣辱也是一样的,荣是不荣,辱也是不辱。这是为什么呢?这是因为得道之人立于大道之上,看待事物都是从根本出发。生死、是非、贵贱、荣辱,都是人为加上的价值观,这是可以在瞬间改变的东西。追究到根本,都是一样没有任何区别的。知道这样的大道,就可以在万物变动的时候而不慌乱,日月交替、天地震动、风吼海啸、电闪雷鸣也会处之泰然。人取得道的渠道要靠从天和地之中有所领悟,而真正的道是随遇而安,不拘规矩的自然而随意。这也就是道家的最高追求了。"

孔子听完老子的这番话之后,感觉自己就像是鸟儿一样飞上了树的枝头,感觉自己像鱼一样游于江湖之内,感觉自己像蜜蜂一样在花丛之中采蜜,感觉自己又重新变回人来向老子求道。他不禁心旷神怡,说:"我三十而立,四十而不惑,今年已经是五十一岁了才刚刚知道,造化是什么东西。造我是鸟那么我就顺着鸟的性情去做,造我是鱼我就顺着鱼的性情去做,造我是蜜蜂我就顺着蜜蜂的性情去做,造我是人我就顺着人性去做。鸟、鱼、蜂、人不同,但是顺其自然的本性却是一样的;顺着本性去变化,就是顺着道而行走;站在不同的角度去看待事情,游神在大同的境界,那就与大道相结合。我每日每夜地在求道,却不知道'道'就在我的身边!"

孔子说完,起身向老子辞别。

无为 老子

治国烹鲜

治国有治国的道理,是君王的事情,而烹鲜却是厨师的活儿,那么,在老子那里,为何会将治国与烹鲜放在一起呢?难道这个君王是个厨子?还是一个原本是厨子的人当上了君王呢?如果都不是,那么这两者之间又会存在着什么样的关系与牵连呢?

周国有个做官的,名叫崔瞿。崔瞿对怎样做官、怎样统治百姓很有研究。他用孔子推行的仁义教育百姓,用一系列规章制度来制约百姓,对顺从听话者奖赏,对敢于违抗者重罚,还订立了许多徭役赋税,收些钱来修路筑坝,等等。

崔瞿的官当得很尽心,当得也很累。仅仅几年,他就发现原先的衣服宽大了、原先的裤子腰也肥了。可虽然这样,老百姓不满之声仍然随处可闻,社会上盗贼仍然很多,奸诈欺骗等行为仍然常见。

崔瞿困惑了:我什么地方没有做对?想了很久,仍然没想通,只好到老子那儿去求教。

老子认认真真地听崔瞿倾诉,就像医生在听病人细说自己的症状。

崔瞿已经多年没有机会向人一吐心中不快,将自己心中的困惑、烦恼、抱怨等,痛痛快快向老子说出。

老子一言不发,静静地听,直到崔瞿把说过的话又重新拿来说,这才像医生下诊断一样,对崔瞿说:"你错在过于聪明智巧。"

崔瞿听了，不免一惊，心想：这是从何说起？

不等崔瞿发问，老子自己就解释开来："说起来，如此过错也不是你一人在犯，更不是从你这儿开始犯。听说过尧舜治天下的事吗？听说他们也是像你今天这样，摆弄自己的聪明智巧，企图设想出一套完整而细致的办法，把老百姓管得规规矩矩、服服帖帖。结果是他们自己累得大腿上没有肉，小腿上不长毛，天下仍然不太平，人心仍然不古，世风仍然日下！"

听到这儿，崔瞿不由得摸了摸自己的大腿，心里对自己说："我也一样。"

老子还在继续说："聪明智巧施展了，老百姓依然不听话，奸诈欺骗仍然随处可见，盗贼仍然猖狂，就只好露出凶相了。他们拿出刀斧，用肉刑来迫使人们就范，企图用暴力来达到天下太平、民心归一的目的。"

崔瞿心里想："这我也一样。对那些不听话的，我巴不得封了他们的嘴，砍掉他们的头……"

"可是，走到这一步，恰恰就完完全全暴露出统治者的无能！"老子突然提高了声音，激动得像是质问崔瞿，"生命当然是最最宝贵的，可是一旦老百姓连死都不怕了，你又拿什么去恫吓、威胁他？"

崔瞿不由得连忙声明："我还没有动刀动斧……"

老子笑了笑，说："这就对了。刀斧之类，是统治者手中最锐利的武器，也是最后的工具，绝对不可以轻易拿出来亮给百姓看。头几次，可能还会吓到几个人，可是，多亮几次后，谁还会怕你？"

无为 老子

崔瞿连连点头称是:"先生所言极是!先生所言极是!"

老子话锋一转,就说到崔瞿头上:"你那奖赏与惩罚,实际上也是手中利器,也是最后工具,也不可以轻易动用!最好是紧紧握在手里,不到万不得已,不拿出来。到万不得已时,亮一亮即可,不可迷信,不可贪恋。"

这回崔瞿真的闹不明白了:赏罚不可轻易示人,那为官者还怎么做官?

老子看出了崔瞿的心思,又把话题转移到怎样做官上:"其实,要说起来,做官也很简单,向山上的鹿学习就成!"

这个比喻太离奇,完全出乎了崔瞿的想象,他不禁惊讶得睁大了双眼。

老子瞟了他一眼,自顾说了下去:"山鹿只藏在倒伏的荒草中,就又能找到吃的,又能保护自己的安全。"

"先生的意思是……"崔瞿的眼睛睁得更大了。

"治理一个国家,就好像煎条小鱼一样。"

接着,老子又说:"煎小鱼,你知道该怎样做吗?"

这,崔瞿倒还真不知道。大概是从来也没下过厨房吧。他摇了摇头。

老子只好再往下解释了:"煎小鱼,关键是不能常去翻动它,常去翻动,它就会在煎好之前被翻烂。"

崔瞿似乎听懂了这两个比喻的意思,试着说:"先生的意思是,治理天下,不可刻意去治,不可经常打扰百姓?"

"对,不可以去打扰百姓。"老子对崔瞿的话作了部分肯定,"过多地订立规章制度,过多地收取徭役赋税,过多地用仁义之类东西去教化,过于轻易地将刀斧、赏罚等亮出来,都是打扰百姓,都是翻动那煎锅上的小鱼。"

听到这里，崔瞿全明白了，觉得有种浑身气通的畅快。一再道"佩服"和致谢后，方才依依不舍地离去。

李耳祝寿

祝寿在现代来说都是作为晚辈给长辈，且长辈是年过花甲的老人，在生辰之日送去祝福的一种美好形式。在老子那个时候，祝寿可不单单是去给老人祝寿这么简单。那又会是怎么一回事呢？

老子成名之后，除了有很多人慕名前来请教道家学问之外，偶尔也会有周围的村民前来请教一些琐碎的小问题。有一天，老子得一日清闲，就想四处随意走走。突然见到有一群农闲的村民聚在一起谈论关于祝寿的事情，老子本想一直向前走去，可被村民看到了老子就这样也被邀请坐在一起。于是，老子见许多人在讲到所谓的"祝寿"这件事时，有的欢喜有的愁苦，讲到最后大家伙要求老子讲一下他关于祝寿时的故事。老子想了一会儿想到他小时候的一件事：

李耳小时候，曲仁里住着一家姓庞的大户人家，人称他们当家的为庞太爷。他有两个儿子，大儿子庞信，在朝当官；二儿子庞雄，在家没事干，是个游手好闲的恶少爷。村上的人为了巴结庞家，每年六月十五庞太爷过生日的时候，各家各户都要备上好多礼品去给他祝寿。有的人家穷得揭不开锅，也要买点东西往庞家送。

这一年的六月十五快到了，李耳的舅舅买了鸡、鱼，还

无为 老子

有几大包糕点,准备到庞太爷家去祝寿。不巧的是,在六月十四那天下午,李耳姑母家出了一件要紧的事,急等着舅舅去帮忙处理。临走时,舅舅对李耳说:"耳啊,你也不小了,都十四五岁的人了,明天是庞太爷六十大寿,我要是回不来,你可要带上准备好的礼物替我去给他祝寿啊。"

李耳说:"好,你放心去吧。"

六月十五这一天来到了,给庞太爷送礼的人真多,有抬盒子的,有抬明桌的,有抬囫囵羊的,有抬囫囵猪的。送礼的有本地的,也有外地跑几百里来给庞太爷祝寿的。他家接的礼物啊,简直堆积如山,几间屋子也摆不完。

在曲仁里,还有个叫岳平的老人,是个有名的好人。他跟庞太爷年纪一般大,是同年同月同日生的人。因为岳平是个平民小百姓,六月十五这天上午,庞太爷家宾客满座,热闹非常;而他家却门庭冷落,没一个人来给他祝寿。就是他的儿女也没来给他祝寿。而他本人,却把攒了很长时间的钱,买了一大篮子礼物给庞家送去了。

李耳看到这种世态,心里很气愤。但是舅舅的嘱托在先,也只好掂着礼物往庞家走去。他一边走,一边想:"同是世上一个人,为什么这样不平等呢?"他边走边想,越想就越气愤。快走到庞家大门口的时候,又转身跑回家里去把礼物一放,一口气跑到隐阳山脚下,往草地上一躺,脸朝上,两手扳着后脑勺,瞪着眼,看着山顶上的云彩,自己跟自己说起话来:"庞太爷收了那么多的礼,几间屋子装不完,舅舅叫我也去赶热闹,人家庞家压根儿也不稀罕。庞太爷和岳平,同年同月同日生,都是人,为什么会不一样呢?"

他正自言自语,忽然听到一阵"呼隆隆咚!呼隆隆咚"的声音，只见一块很大的石头从山顶上滚下来，"咚"一声一下子就滚到山涧里去了。

李耳看到这种情况，想了一下，折身站起，像飞一般往家里跑去。到家以后，他提起舅舅给庞太爷的祝寿礼往岳平家跑去。岳平正在家里闲坐，见李耳喘着气跑过来，手里提着鸡、鱼，还有几盒封好的糕点，一时愣住了。

李耳笑着说："老人家，我给您祝寿来了。"

老人接过礼物，又惊又喜："我的老天爷呀，还有来给我祝寿的呢！好孩子，这叫我怎么谢你呀！"

李耳笑哈哈地说："这谢什么，您老人家这么大年纪了，我还不该给您祝寿吗？"

岳平说："孩子啊，今天是庞太爷的六十大寿，众人都去给他祝寿，你不去他家，到我这儿来祝寿，是走错门了吧？"

李耳一嘴吃个鞋帮子——心里有底。他笑眯眯地歪着头说："没错，没错，就是给您来祝寿的。"

再说庞太爷家，恶二少庞雄听说李耳把买的寿礼送给了岳家，可气坏啦！他说："这小子，胆敢看不起我庞家，我不掐死他才怪！"说着，气呼呼地往外走。

庞太爷一把拉住他说："不要跟不懂事的孩子一般见识。"恶二少不听，从他爹手里挣脱，一直往岳家走去。庞太爷怕他伤了人命，就紧追上去。恶二少走进岳家，庞太爷也追到了岳家。恶二少看见李耳，气得脸色像紫茄子，两眼一瞪，伸手抓住李耳胸口上的衣服，一下子提溜起来，嘴里不干不净地骂："小赖种，你敢看不起我庞家，真是胆大包天！我掐死你！"

李耳一点儿也不害怕，大声质问恶二少："你为什么要掐死我？我犯了什么罪？"

无为 老子

恶二少说:"你犯了轻官罪!你把给我爹祝寿的礼物拿来送到岳家,不给我爹祝寿,反而另立新规矩给小老百姓祝寿!"

李耳寸步不让,大声说:"立新规矩就是犯罪吗?你没睁眼看看,你们当官的,家里好东西多得没处放;平民百姓少吃无穿穷得揭不开锅,还要逼他们给当官的祝寿,可是谁又来给老百姓祝寿呢?兴你立规矩给当官的祝寿,就不兴我立规矩给老百姓祝寿吗?依你的规矩是,给当官的祝寿是天经地义,给老百姓祝寿就是犯罪,就该掐死!人就知道挖凹地里的土往高坟头上添,就不知道山上的石头是往凹处滚;往高坟头上添土是人的规矩,往凹地里添土是天的规矩。我给岳家祝寿,是想叫人的规矩合乎天的规矩,这犯了啥法?这犯了何罪?我从来没把死看在眼里,不要用死来吓唬我!"

站在旁边的庞太爷听李耳说得条条有理,心里羞愧,再也站不住了。他万万没想到,一个15岁的孩子能说出这样一番道理来,心里十分佩服:"说得好!说得好!这后生实在了不起,今后一定会成为一个不寻常的人物!我立规矩,从今往后,不准别人再给我祝寿;我要带头给老百姓祝寿,年年啊六月十五到岳家来。"

说到这里,又瞪了恶二少一眼,大声地说道:"畜生,还不滚开!"恶二少讨了个没趣,只好松手走开了。

老子炼丹

相传老子炼丹的地方叫做翠云峰。历史当中,有不少帝王将相都派人苦炼仙丹,以求可以长生不老，但真正可以长生不老的却从未出现过。那么老子炼丹又是怎么一回事呢？难道他也是应哪位帝王的请求而炼丹的吗？

洛阳市北约 4 公里邙山之巅的翠云峰，相传是太上老君炼丹处。老子，名重耳，字伯阳，楚国苦县曲仁里（河南鹿邑）人。

传说他母亲感流星而娠，先天地而生。其母怀他 81 年，剖开母亲左腋才降生人间，且面世就是白头发，因此就叫了个"老子"。其母是在李树下生他。他坠地就能讲话，指着李树说："以此为我姓。"他耳朵有 3 个洞，且是重耳无轮（故名重耳又称聃）；眉如北斗，色绿，中有紫毛，长五寸；目方瞳，绿筋贯之，有紫光；鼻双柱；口方，齿数六八四十八个，颐如方丘，颊似横垄……

他就是这么个神神奇奇的人，因此，他在周朝的国家图书馆"王城守藏室"里早早就当上了负责官员"柱下史"。

公元前 520 年，老子 52 岁时，周王朝内外交困，发生了争夺王位的内讧。守藏室的典籍全被王子朝等囊括到了楚国，诸侯国势力也越来越强大，觊觎朝廷。老子见周室日渐衰落，自己又无书可管了，只好离开王城，来到城北邙岭最高处翠云峰上，静心炼丹养生。

翠云峰上松柏葱茏，登临远眺，洛河和龙门山、万安山、王城、市井等历历在目，让人心胸豁然开朗。老子对仕途失望后，精力专注地用在炼丹上。他砌了太极八卦炉，以乾、坤、坎、离、震、艮、巽、兑八方位，调动天、地、水、火、雷、山、风、泽、云灵性，运用内外相同的道理炼将起

无为 老子

来。整整炼了九九八十一天,揭炉时轰然一声,犹似地震,只见炉堂里迸射出万道金光,直冲霄汉。老子自用一粒,顿时脱了凡骨,面露仙气。

老子上山时,为求心静,将所乘青牛拴在翠云峰旁一条峪谷之间。丹成后,老子用仙丹点化青牛,青牛也成了神牛。老子就洒脱地骑上青牛出函谷关,留下一部传世之作《道德经》。后来传说是西游天竺教化胡人去了。实际上隐于今栾川县伏牛山主峰老君山。北魏时山上建有老君庙,唐太宗时重新修缮,明代时药灶、丹炉遗址俱存。现又修葺一新。

唐代时,为纪念这位道教创始人,在翠云峰巅建了庙宇,称"上清宫",在拴牛处建了"青牛观",亦叫"下清宫",并将拴牛的山谷称为"青牛峪"。明朝诗人张姜谷的《青牛吼谷》就描写了这个故事:

    大道归何处?白头一老翁。
    名逃柱下史,丹炼翠云宫。
    紫气冲关外,青牛吼谷中。
    流沙越万里,西去觅真空。

第四章

由 人 到 神

聘观楼台

老子一生济世度人，教化众生，让众生懂得宇宙的真理，阴与阳，白与黑，正与邪，光明与黑暗，好与坏，善与恶……这个真理是矛盾的统一和相生相克相互制约的，只有达到恰如其分，才称为"道"。这就是儒家所说的"中庸之道"吧！气功里讲：似笑非笑，似坐非坐，似睡非睡，这些似是而非的语言，大概也是为了统一自身的矛盾，最终达到恰如其分。

陕西省境内有一名胜古迹叫"楼观台"，里面正中有一座"老子殿"。

老子一生济世度人，教化众生，让众生懂得宇宙的真理，阴与阳，白与黑，正与邪，光明与黑暗，好与坏，善

无为 老子

与恶……这个真理是矛盾的统一和相生相克相互制约的，只有达到恰如其分，才称为"道"。这也就是儒家所说的"中庸之道"吧！气功里讲：似笑非笑，似坐非坐，似便非便，似尿非尿，似睡非睡……这些似是而非的语言，大概也是为了统一自身的矛盾，最终达到恰如其分。

据说，老子当年带着弟子尹喜云游讲道，教化了很多的人，明白了宇宙的真理，如何做人，如何修道。

一天，正在路上走着，尹喜大声喊："师父，师父，您看，路边这块白骨，还闪着灵光呢。"老子停下来定睛一看，顿生恻隐之心。于是，放下褡裢，拿出纸笔，画了一道"符"盖在白骨上，左手拇指与中指一掐，右手掐一剑诀，剑指冲天，口中念念有词："天灵灵，地灵灵，白骨回生，与我去度众生。"说毕，用剑指朝白骨一挑，白骨便升起来了，越升越高，大约升到一米七八，老子将画的符拿掉。

尹喜再看时，白骨化成了一位年轻英俊的壮士，跪在老子面前，磕头拜师："师父，我要随您传道，教化众生，您收我为徒弟吧！"老子一看，这块"白骨"很有礼貌，遂收他为二弟子。

师徒三人，仍四处云游，讲法传道。后来，到了陕西省的楼观台。老子在这里摆了一个讲经台，又在山上设了一个炼丹炉，师徒三人开始了定居的生活，转眼过了3年。说来也奇怪，自打老子来到此地，朝拜楼观台的人也越来越多，听讲经的人也越来越多，而且越听越有兴趣！

于是，众人提出在楼观台举行一个庙会。庙会期间，老子觉得两个弟子随他传道非常辛苦，把他们叫到跟前说：

"明天我给你们放一天假,你们可以去看看庙会,开开眼界。"两个弟子非常高兴。

第二天,逛完庙会之后,尹喜早早赶回,给老子倒水做饭,伺候老子,二弟子却迟迟未归。天黑之后,二弟子回来了。一进门,跪在老子面前就说:"师父,今天您让我们逛了庙会,我非常高兴。现在我有一事相求。"

老子问:"什么事?"

二弟子说:"师父,我不想修道了,我想还俗!"

老子非常奇怪地问道:"你已随我修行3年,为什么突然要还俗?"

"师父,我今天在庙会上见到一个漂亮女子,她身材苗条,面貌秀丽,她愿意与我结为夫妇,享天伦之乐。"

老子一听,知道这徒弟的心已经变了,便不再挽留。于是说:"把你的东西收拾一下,去吧。愿你们幸福一生!"

二弟子又说:"师父,你让我走,难道就这样容易吗?"

老子说:"你愿意修道,我收你为徒;你愿意还俗,我放你出去,有何不易?"

"师父,难道你让我两手空空地还俗吗?"

老子不明其意,问:"你这样还俗有什么不可呢?"

二弟子说:"师父,难道我白伺候你3年零3个月?你分文都不给吗?你不觉得自己私心太重了吗?"

老子一听,心想:这徒儿蛮不讲理。拜师修道,伺候师父,是常规之事。让他还俗,也是为了满足他的心愿,他却说白伺候我3年,太无道理!便说:"难道你还向我要工钱不成?"

二弟子愤怒地说:"师父,我与那女子结婚度日,没钱

无为 老子

怎么能成？我伺候你3年，你也应该给我工钱嘛！"

老子说："我出家之人，哪里有钱？"

二弟子争辩道："师父，你讲经设坛，修道观，不是很有钱吗？为什么不能施舍一点给我呢？"

老子不禁怒从心中生，说："钱确实是有的，但那是大家拿来的钱，是修道用的，不是给你娶妻用的。你这徒儿太不讲道理，你知道你是什么东西吗？我同意你还俗，已经对你很宽容了。明天赶快走吧！"

二弟子这时一反常态，霍地站起来："师父，你怎么还生气骂人呢？"

老子解释说："我还没有骂你，因为你确实不是人，你知道你是什么东西吗？"二弟子暴跳如雷地说道："师父，你还在骂人，你太不像话了！"

老子说："当初我救你，只不过是一片善心罢了，没想到你到头来这么没出息！如知你现在这样的情景，我可以把你变回去。"说着就要掐诀念咒。

尹喜见状，慌忙跪下求情："师父，看在弟子的份上，万万不能将师弟变回去呀！师弟不知道自己的过去，这不怪他，我是有责任的。师父，过去的事我没有给师弟讲，他确实不知道自己是什么东西。"

二弟子一听，更急了："好啊，你们师徒二人竟然串通一气来骂我，你们还讲什么道，传什么法？"

尹喜再也忍不住了，一边求师父饶过"白骨"，一边气愤地说："师弟，你太糊涂了！你不知道，3年前你本是路边的一块白骨，是师父画了一道符，救了你，你怎么这样糊涂呢？你和师父修道练功，难道你还不知道自己的过去吗？师父现在如果把你还原回去,你就又变成白骨了!"

在楼观台,有三尊塑像:中间是老子,他的左手中指与拇指正欲相接,右手掐着剑诀指天,在他左边跪着的是他的大弟子,右边站着的是他的二弟子,描述的正是这个故事。

这个故事也符合老子关于"道"的见解,道是阴阳的矛盾和统一,"一阴一阳谓之道"。两个弟子,一个好的,一个坏的,跪着的是阳,站着的为阴,居于中间的就是符合道的了。

如意下凡

在我国如意一直寓意着吉祥。那么如意又是从哪里来的呢?它与老子又有什么关系呢?原来老子在我国一直被传为是天上的老君,这样一来,似乎如意与天上的老君有着密不可分的关系。

有一天,老君李耳闲暇无事,坐在兜率宫里,看他手里的如意钩。只见那金黄的如意钩一闪一闪,照出了一幕又一幕人间不平之事。他掐指一算,世上已经到了元朝的时候了。他心里想:"人间不平的事也太多了,问是问不完的,干脆眼不见心不烦,还是闭目养神吧。"想到这,就闭上眼睛。一会儿,手里的如意钩"扑通"一声掉到地上。

这如意钩在地上闪了几下金光,接着飞到空中,旋转一阵,一栽头,往人间飞去。这时正是半夜子时,如意钩像流

无为 老子

星一般,栽入鹿邑县内的丁家庄,然后一折头,一抹弯,钻进一所破烂的茅草屋,往二檩子上一挂,不动了。

这家有夫妻二人,男的姓丁名正,42岁;妻子何氏,比他小1岁,模样很俊。这夫妻二人是从江南迁来,日子过得很苦。大家知道,元朝的时候,人分四等,一等是蒙古人,二等是色目人,三等是北方汉人,四等才是南人。那些有权有势的人对老百姓压榨很厉害,他们霸占百姓的土地,还强迫他们服劳役,把他们当牛马看待。十家养活一个当官的,谁家娶新媳妇,得先跟他们过夜。

丁正家的地被大官伯颜雄家霸占了,家里穷得揭不开锅。这时,丁正的妻子何氏正躺在床上不停地来回打滚,身体难受得要命,脸上的汗珠子像豆子一样。她已经怀了10个月的孕,胎儿却怎么也生不出来,加上平时忍饥挨饿,把她弄得三分像鬼,七分像人。

也就在这个时候,挂在二檩子上的如意钩往上猛一拱,只见"哧啦"一道金光,钻到何氏的怀里不见了。

突然一阵"哇,哇"的哭声,小孩从何氏身上降生了。小孩又白又胖又齐整。跟一般孩子不一样的地方是有点罗锅腰;嘴唇上边长着叫人发笑的小弯弓胡;脖子上还戴个明晃晃的金项圈,仔细看看,是个如意钩捏成的小圆圈。这孩子落地就会说话,叫爹叫娘。还会踢脚打拳,会对着面前的东西吹三口气叫这东西变样。更奇妙的是,这孩子在一睁一闭眼的工夫就长上1岁年纪,一连睁闭了眼睛24下,长成个一个24岁的年轻人。丁正看着宝贝儿子,分外欢喜;回头一看,见刚生过孩子的妻子因生了宝贝变得十分年轻、俊俏。她本来就很漂亮,这时变得如花似玉,比年轻的姑娘还漂亮十分。

丁家穷家破院，今日双喜临门，为此，丁正给儿子起名叫双喜。这件奇事像扎了翅膀一样，很快传遍县境。

第二天上午，消息传到大恶霸伯颜雄家里，他两眼一瞪："混账！双喜怎能生到下等人的家里？我要娶何氏当小老婆！"

伯颜雄的大管家耶律旺说："大人这是怎么啦？漂亮姑娘任你挑，何必娶个已经生过孩子的女人呢？"

伯颜雄说："我不准返老还童的绝色美妇人做低等人的妻子，我要叫她那像神仙一般的宝贝儿子喊我叫亲爹，要用八抬大轿娶亲，叫双喜和丁正押轿当送客。把何氏送到我的府中，叫丁正当我的岳父，走一步喊何氏一声女儿，来一个丁正嫁女，我伯颜雄岂不万分快乐！哈哈哈哈！"

耶律旺拍手喝彩："甚好！甚好！"接着，趴在伯颜雄耳朵上说："耳听是虚，眼见为实。小妇人到底什么模样，大人不妨亲自一观。"

"如此甚好。"伯颜雄骑着大马，带着随从前往丁家庄观看。见了何氏，果真像说的那样，就哈哈笑着，骑马回府，对耶律旺说："明日上午娶人，你快去后堂禀我母亲得知。"

耶律旺来到后堂，参见老太太。这是个70多岁的老女人，又青又白的大驴脸，颧骨往外突着，两眼闪着凶光。她一肚子坏水，伯颜雄做坏事，很多歪点子都是从她肚子里所出。

耶律旺把伯颜雄的想法对太太说了一遍。老东西不但不制止，还连连称赞："如此甚好！娶个奇人当媳妇，半仙半神童做孙子，以后我家大大小小都可以成神升天了！"

无为老子

伯颜雄母子主意已定,耶律旺带着狗腿子到丁家去通知。他们见了丁正,大声喝道:"丁正听着!我家伯颜老爷要娶你妻何氏为妾,明早,抬轿前来。你和双喜押轿当送客。从此你就是我家伯颜老爷的丈人,明天双喜嫁母,你送闺女,拜天地时,你俩搀着新人,你要走一步喊一声'女儿'。从眼下起,你们要做好一切准备,不得有误!"

丁正听到这里,气得两眼直冒金花,大声说:"这是谁出的坏主意?"耶律旺说:"问这弄啥?若要应允,倒还罢了,若要不允,家灭九族!一言为定,明天上午抬人!"说罢,转身走了。

丁正把事情向妻子说了,何氏不答应。夫妻二人哭成泪人。

罗锅双喜走来说道:"二老不要哭,咱就按他们说的办。"

丁正夫妻十分吃惊:"双喜,你怎么能说出这样的话来?"

双喜趴在爹的耳朵上小声说了一阵。

第二天上午,一群人从伯颜雄家出动,抬花轿来丁家娶亲,吹响器,点铁炮,敲锣打鼓,十分热闹。花轿在丁家大门外边落下。丁正和双喜架着打扮好的新娘子上轿。新娘子低着头,一声不吭,头上盖着红盖头。

再说伯颜家。伯颜雄披红戴花,嘴上胡子翘得直冒青光,单等新媳妇下轿好拜花堂。他从前院跑到后堂,叫他娘快做受头准备,忽然发现他娘啥时候不见了。他急得头上冒汗,派人四处找也没找到。花轿快回来了,这该咋办?"娘可能是不想受头,躲起来啦。嘿,管她呢!娶媳妇要紧!"

花轿在门前落地,丁正、双喜架着新娘从轿里走出来。打麻秸火的、撒喜钱的,忙得脚不沾地,把新媳妇挤得像戏台前头一样。伯颜雄高兴地在人群中扭来掉去，喜得嘴岔子都咧到耳门上了。

耶律旺主持婚礼，拉长腔喊道："一拜天地！二拜祖宗！夫妻对拜！"

新郎慌着作揖磕头，新媳妇站在地上不动。丫鬟过来拉，咋拉也不走。伯颜雄说："你不走，就站这里一辈子！"一说叫站，她偏掉着屁股在地上乱扭。

伯颜雄说："好家伙，我的美人儿！你想当着大家玩一套，那好！我早想看看你那漂亮的小脸儿了。你不走，我来个不进洞房先掀盖头。"

耶律旺说："这小娘子脸蛋长得可美！人见不走，鸟见不飞，老叫驴见了也不踢。来吧，新女婿来个当众揭盖头！"

伯颜雄两手抓着新媳妇的盖头角，往上猛一掀！咦！我的乖乖娘子哎！一下露出一个高颧骨的大驴脸。原来这新媳妇正是伯颜雄自己的生身娘！"

伯颜雄心里猛一惊，紧接着，脸上羞得青一块，红一块，紫一块，白一块。

看新媳妇的"轰"的一声笑起来。小罗锅双喜高兴得拍着手一蹦多高。

这是怎么回事？原来是昨天夜里，双喜跳墙到伯颜雄家，照伯颜雄的娘吹了三口气，叫她变成自己的母亲何氏的模样，趁她浑身麻木，像在梦里，把她背回自己的家中。临走时，他捐了一片树叶，吹三口气，让它变成伯颜雄娘的样子躺在床上。丫鬟见"老太太"没睡醒，谁也不敢喊叫。树叶太太睡到花轿出门去抬人时，自动消失。伯颜雄的花轿在丁家门口落地时，双喜给伯颜雄那已经麻木的老娘梳洗打扮，

无为老子

头上蒙上了红盖头。

伯颜雄明白过来之后,气得面色青紫,唤家兵将双喜和丁正包围,并从耶律旺手里抓来一根铁棍,一下子把丁正打死。双喜取下脖子上的金项圈,将它捋直,成了一杆金枪。他舞动金枪,左冲右挡,杀出包围圈。双喜掐一朵野花,吹三口气,让它变成一个花朵金盆。他往盆里头一坐,飘飘然往空中飞去。没想到刚飞两丈多高,"扑通"一声!连盆带人摔落在地。他并不知道,脖子上的金项圈一拿下来不当紧,就再也飞不上天空。

双喜背水一战,干脆和敌人大拼大杀。他正面迎敌,一来一往,一冲一挡,"扑哧!扑哧!",枪枪带血,杀得敌人落花流水。伯颜雄、耶律旺见事不妙,抱头逃跑。双喜一枪挑死耶律旺。

伯颜雄见耶律旺被挑死,跑得更快了。双喜追上去照他吹三口气,使他变成一只大苍蝇,灰白色的翅膀,灰绿色的肚子,浑身毛烘烘的,除了头还是伯颜雄的样子。大苍蝇惊慌失措地往前飞,飞不快,也飞不高。双喜托枪在后面紧追。

追着追着,双喜想起来一个点子,他托着枪往前猛一扎!真巧得很,金枪一下子捅到苍蝇屁股眼里。双喜拍手蹦着笑了一阵。苍蝇屁股带枪,狼狈逃走。

就在这时,朝廷的援兵来到,一下子把双喜围得里三层外三层。伯颜雄恢复原形,屁股上带枪跑过来喊道:"双喜,快投降吧!告诉你,你爹娘已被我们打死。你若不降,我叫你和你爹娘一样,去见阎王!"

双喜一个箭步窜上去,拔掉扎在伯颜雄屁股上的金枪,和敌人展开拼杀。扎死一群，又来一群。到底是寡不敌众，双喜累得呼呼喘气，脸色蜡黄，眼看就要死在乱马营中。

"投降吧，双喜！投降了饶你不死，不投降叫你死也不落囫囵尸首！"伯颜雄举刀高喊，一刀把双喜肩上劈掉一块肉，鲜血把衣裳都染红了。

"民不畏死，奈何以死惧之！"紧要关头，只听一声高叫，从空中驾紫云飞来一位老人。此人白发白须，长眉寿目，原来是老子到了。

老子脱下衣衫，用力在空中挥了一阵，霎时，暴风骤起，刮得飞沙走石，天昏地暗，无数的神兵从天而降，杀得元军尸横遍野，血流成河。双喜趁机将伯颜雄一枪挑死。

老子从空中落下，掏出仙丹递给双喜，让他将爹娘救活。

老子对复活过来的丁正说："我李耳从来不杀无辜，方才死去的元朝兵丁，除十恶不赦的罪人之外，其余的都可还阳。丁正以后要替天行道。现在，让我把双喜带走吧。"

一甩袖子双喜变成如意金钩，老子拿起金钩，跳上紫云，往空中飘然而去。

丁正夫妻，对天谢过老子，去投奔农民起义的队伍。

许多人不解，不明白这如意钩为何称为"如意钩"而不叫做别的，对于这个名字的来历还有一则传说，那是关于李耳小时候的传说：到过鹿邑老君台的人都知道，李老君那座铜像手里拿的就是个如意钩。

古时候，苦县城东有一座大山，山尖插入彩云端。山顶有棵绿绿葱葱的松树，树下有石头砌成的小屋，屋里有个金黄金黄的炼炉。炉火熊熊，光彩夺目。炉边有个紫色的风箱，"呼——呼——呼——呼！"一个长着胡子的青年人，正

无为
老子

在拉风箱，脚边放着挖山的钢锹和锛镢。这就是年轻时的李老君，他要在这里炼造出一把能够挖穷山、填恶水、叫苦县不苦、叫百姓幸福的宝锹。

这石头屋子是李耳盖的，这炼造宝锹的火炉是李耳制的，这用来造锹的金子是李耳从沙里淘的，这炼宝锹的燃料是李耳掘的。

山下走来一个十四五岁的少年，他叫李小周，是李耳的徒弟。他是给师父送饭来了。

小周走进石屋，替师父拉起风箱。师父吃着饭，小周问："师父，到底什么时候才能造出宝锹呢？"

"到时候你就知道了。"李耳笑了笑。

李耳吃完饭，拿起钢锹和锛镢，走出石屋，来到山腰，钻进一个几丈深的大洞里。这个洞是他近来采煤挖出来的，陡壁上，大大小小的石块挤在一起。李耳脱下上衣，抡镢向石头劈去。大石头块夹着碎煤块，呼隆隆从洞壁上塌下来。李耳用钢锹端起煤块，出了洞口，走上山顶，把煤块放进炼炉。炉里噼里啪啦响了一阵，火光把小周白嫩的脸蛋映得鲜红，炉火更旺了。

这时正是六月，水上荷花鲜又艳，山上山下处处绿，天气炎热如下火，树上蝉鸣不停息。

李耳又回到山洞，继续举镢劈石，镢头落下，石上冒出火花。他丢下镢头换钢锹，放下钢锹拿镢头，一响又一响，一天又一天。有一天，他忽然觉得眼前一亮，啊呀！好像是大地被他挖透气了，面前出现一个奇异的地方：一个像小院子那样大的空间，东西南北，上下四方，是很大很大的铅色宝石板扣成。看头顶上的宝石"天空"，挂着银灰色的月牙儿。他已经挖到第一道石层,第一个顽石根就在这里把关,它的名字叫假。

李耳只听"霍"一声,从草棵里蹿出一个灰色的东西,5尺多高,没鼻没眼,张着黑黑的大嘴叫着"假——假——假——"。呜呜叫着向李耳扑过来。李耳紧握钢锹,迎上前去。顽石根猛地一扑,他轻轻一闪,把它弄个嘴啃泥。顽石根爬起来,准备第二次向李耳进攻,被李耳一锹劈开脑壳,从脑壳里迸出一颗银灰色的宝珠,这就是炼锹珠。

李耳用锹端起炼锹珠,迈步往外走去。来到洞外,只见树叶黄了,天气凉了,夏天过了,秋天来了。

李耳走上山顶,把炼锹珠放进炼炉,炉火烧得更旺,火苗蹿了一丈多高。小周拉起风箱劲更大了。

李耳换上夹衣,再走回山洞。继续劈石攻关。镢头落下,石上冒出火花。他丢下镢头换钢锹,放下钢锹拿镢头。一晌又一晌,一天又一天。有一天,他忽然觉得眼前一亮,啊呀!大地好像被他挖透气了,眼前又出现一个奇妙的地方:像一个大院,东西南北,上下四方,用很大很大的绿色宝石板砌成。头上的宝石"天空"飘着银绿色的云朵。下面绿色的宝石地板就是广阔的田野,还有一口绿色的喷泉喷出一丈多高的泉水。

李耳已经挖到第二道石层了,第二个顽石根就在这里把关,它的名字叫恶。"哧"的一声从喷泉里蹿出一个酱色的东西,有6尺高,有鼻有眼,张着黑酱色的大嘴跳着叫着:"恶——恶——恶——"向李耳扑来。

李耳握紧钢锹迎上前去,"当啷"一声钢锹打得它头上冒火。这酱色的东西猛一扑,扑着了李耳的双肩。李耳掐住

无为 老子

它的脖子把它按倒。定睛看时,只见它变成一块酱色的石头,自动裂开,从缝里跳出一颗比枣还大的碧绿色的宝珠。李耳拿起这炼锹宝珠就往外走。来到洞外,放眼一看,雪花飘飘满山银白,寒冬腊月已经来临。李耳走上山顶,把炼锹珠送进炼炉,炉里噼噼啪啪响了一阵,火更大更旺了。小周拉风箱的劲也更大了。

李耳换上棉衣,再走回深深的山洞,继续劈石攻关,向更深处挖去。有一块顽石像钢一样硬,怎么也劈不动了。一连劈了360锹,连道白印也不见。他的两手震裂出血了,光润的脸膛干瘦了,两眼直冒金星,但他还是半点也不泄气,用劲向顽石猛劈!一响又一响,一天又一天,终于把大石头劈开了!石头一开,眼前猛地一亮,面前出现一个美妙的地方:一个空间,比大院子大好几倍,头顶上蓝莹莹的宝石"天空",抹着一缕一缕的橘黄色朝霞。往下看,蓝色的宝石地板上,长着深绿色枝叶、浅绿色花果的小树,深红色枝叶、浅红色花果的小树,深紫色枝叶、浅紫色花果的小树,深黄色枝叶、浅黄色花果的小树。其中的一棵,结着一个鸭蛋一样大的果实,这果实"哧啦"一声,闪出一道金光。

李耳猜出这就是第三颗炼锹珠,伸手就去摘。这时一个黑蓝色的东西拱破宝石地面,从地下蹿出来。这东西7尺多高,浑身上下一色蓝,有鼻有眼,张着黑蓝色的大嘴,一蹦老高。它猛一扑,把李耳扑倒在地,在他肩上咬掉一块肉。李耳从地上爬起,刚举起锹来,就见那怪物一下子从那棵树上摘下炼锹珠,"扑通"往地上一跪,双手捧着,献给李耳。李耳接过宝珠,那怪物变成了石头人。

李耳拿着鸭蛋一样大的粉红色炼锹珠，迈步走出洞外。只见桃花红，杨柳绿，黄鹂叫，紫燕飞，阵阵和风暖洋洋，严冬已过春又归。

李耳爬上山顶，走出石屋，把宝珠送进炼炉。李耳接过小周手里的风箱把，自己用力拉起风箱来，"咣——咣——"，火苗儿拧着劲往上蹿。

十几天过去了，这一天的清早，宝锹自己从炼炉里跳出来了！半圆形的锹头有巴掌那么大，锹把有擀面杖那么粗，连锹头带锹把总共只有1尺多长，那颜色红里透白，白里透红，白白红红的颜色里又透着金光。它会自动站在地上，蹦蹦跳跳好像跳舞一样。

李耳一把把宝锹抓在手里，走到高高的山顶上，心里十分高兴。把宝锹往空中一抛，只见宝锹越起越高，越长越大，不大一会儿，长得能够遮住半拉天。又见它往下猛一栽头，"哧啦"端起大山的一半，往另一半山上猛劲一撞，"轰隆"一声，烟尘滚滚，石花纷飞，大山变成了平地。宝锹回到李耳的手里，还是1尺多长。

他第二次把宝锹抛向空中，宝锹还是越起越高，越长越大，然后往下一栽，划开田野，田野上出现一条江河。李耳又收了宝锹，发现锹头钩了过来，就像一把圆头锄。原来寸草不生的土地一下子变得像绿色的锦缎，上面长满五颜六色的庄稼，庄稼霎时变成金黄色的硕果。五谷大丰收，百姓笑盈盈，苦县不再苦，从此变新容。

苦县变样以后遍地跑的都是梅花鹿，所以改名叫鹿邑。鹿邑百姓不忘李耳的功德，给他塑像作纪念。塑像时，把那把钩得像圆头锄的宝锹也给塑上了。这又弯又钩的宝锹，说

锹不像锹,说锄不像锄,因为是它挖掉了苦县之"苦",使百姓称心如意,所以大家给它起名叫"如意钩"。

石匣传说

鹿邑县太清宫镇的人们都知道,太清宫西边不远的小吴庄有一口出土的石匣,上面刻有十个大字:"要得石匣开,还得唐王来。"这十个字引出一段历史传说来。

唐朝李渊追封老子为自己的祖先,后来李渊的儿子李世民当了皇帝,便特意从京城长安赶到曲仁里老子庙祭祖烧香。

李世民来到老子庙,老道姑派个十七岁的小道姑侍候。这小道姑身穿道袍,头扎道角,白白嫩嫩的脸蛋,衬着黑丝一般的头发,长得要多齐整有多齐整。小道姑给李世民端来一盆洗脸水,盆沿上放条手巾,李世民洗过手,暗道:"这小道姑长得这么好,怎么会舍得出家呢?别看人家是出家人,我那三宫六院都没这女子长得好看。"他一边想,一边抠手指甲,抠着抠着用手指头一弹,把一滴水弹到了小道姑的脸上,小道姑脸一红,抿嘴一笑走了。

这小道姑是个聪明女子,她回到自己住房,越想越觉得唐王对她有意。三更半夜从床上爬起来,悄悄走到李世民住的客厅里,往李世民床前"扑通"一跪:"万岁在上,小女子讨封来了。"

李世民问她为啥讨封，小道姑把他弹水的事和回房后心里想的叙述一遍。李世民装模作样地说："寡人实在无意，你是出家人，不该有这种想法。"

小道姑又羞又恨，转身就走，她回到自己的房里，越想越难过，就用三尺白绫悬梁自尽了。

再说李世民在客厅里刚刚闭上眼睛入睡，就看见一位白胡子老头来到他的床边，指着他说："我是老子，世民哪世民！这就是你的不对了，小道姑本来无意，明明是你看上了她，一见钟情，弹她一脸水，反说人家不该讨封，你们二人前世有缘，本该今日成亲，不可因为自己的身份看不起地位低贱的人。"李世民醒来一想，才知道是做了一场梦。他对刚才的说法感到很后悔，正要派人去叫小道姑，听人说小道姑已经上吊死了。

李世民想起是自己把小道姑臊死的，心如刀绞，悔恨万分。为了赎回自己的过错，就把小道姑死后封宫，用大石匣把小道姑金鼎玉葬，石匣上面盖上刻了十个大字："要得石匣开，还得唐王来。"现在这个石匣还在太清宫大殿旁边放着呢。

除了这石匣之外，老子还有一个"赶山老君"的称号，这个称号到底是怎么来的呢？这还得从老君台说起：

鹿邑城东门里边有一座老君台，老君台三丈九尺多高，从下往上，要经三十三层台阶才能爬到台顶。台上有一座老子庙，在苍松翠柏衬托下，古色古色。老子像两边有一副对联——上联：一片碧波飞白鹭；下联：半空紫气下青牛。这里每一样古物都有一个故事，最有趣味的要算老子庙前的赶山鞭。这是一根碗口粗的大铁柱子，它深埋在地下，露在地

无为 老子

面上的那一部分，有三尺多长，一个人可以晃动，但十个人也拔不出来。

这赶山鞭和老君台是怎么来的呢？故事全在老子身上。

老子五十多岁的时候，常在苦县东门里边宣传自己的主张。苦县县城离他的家乡曲仁里只有十来里路，他每次从县城回家，总要从隐阳山下路过。这座山原来没有名字，因为它很高，山尖子插到云彩里，把太阳隐着了，所以人们就给它起名隐阳山。这隐阳山北面因为不见太阳，经常冰天雪地，北风尖叫，走路的人从这里经过，身穿棉裤皮袄还冻得上牙跟下牙打架，招呼不好就能冻倒在这里。山坡上树林里，常有凶猛的野兽出来伤人；山南面，太阳晒得火辣辣的，热得五谷不长，走路人喘不过气来，弄不好就有烤死在这里的危险，山坡上的草丛里常有毒蛇出来伤人。

老百姓恨死这座山。老子每次从这里走过，总要对山嘟囔一阵："隐阳山啊隐阳山，你给人造的孽太大了，我恨不能一鞭把你打下去！"

后来老子离开家乡，到秦国讲学去了。说也奇怪，他刚一走，苦县东门里他讲学的地方一下塌陷下去了，原来那片青青的草地变成了水清见底的绿湖，湖里长出磨盘一样大的藕叶和各种不同颜色的荷花，湖当中留有一片长着松柏的干地。

再说老子到秦国讲学已经一个多月了，这时候他的青牛已经驮着他飞过了函谷关，使他变成了仙体。一天夜里，青牛的两眼金光一闪，突然对主人说起话来："先生，你到这里来一个多月了，也不回家，别忘了家乡百姓正在受着隐阳山带来的痛苦呀！"

老子说:"牛呀,我的老伙计呀,依你说我该咋办哩?"

牛说:"今天夜里,你该回去看看啦。"

"好,"老子听了青牛的话,就跳上牛背,说:"那就劳你跑一趟啦。"

青牛"哞"的一声,脚下生起一朵祥云,驮起老子,飘到半空,一抹头朝东,尾巴一甩,一溜烟往苦县方向飞去了。青牛来到苦县城头上空,"呼"一声,整个天空都长起了紫云。老子定睛一看,见一群白色的鹭鸶向他飞来,一下子把他围在当中,飞着叫着不让他走。老子在牛背上低头往下一看,见自己以前讲学的地方出现了一片绿湖,湖水晶莹透亮,水里莲花像五颜六色的灯笼一样,放出红的、黄的、绿的、蓝的、紫的、白的各色光彩,霞光万道,瑞气千条!把水当中干地上那棵大松树也映成彩色的了。

老子紧拉牛缰绳,按下云去,落到水中那片干地上。白色的鹭鸶也随着他一只只落到水上。

老子刚刚站稳脚,就见这片水中干地一下子往上长高七尺。他转身往东北角一看,见隐阳山高入云霄,把东边的天空、星辰都隐着了。就在这个时候,老子低头一看,见手里的赶牛鞭已经变成铁的,"呼"一下子,铁鞭长了几千丈长。这时,老子也随着铁鞭越长越高。越长越大,霎时成了顶天立地的巨人。牛对他说:"先生,你几年前说过的话,今天夜里该成为事实了。"

老子说:"我早已明白,今夜专程回故乡,意在鞭打隐阳山。"说罢,举起铁鞭,"啪"的一鞭打下去,把隐阳山的整个山头打得飞了起来。"呜"一声,飞落到山东,变成了东岳泰山;又一鞭下去,把中间的半截打飞到河南西部,成

无为 老子

了后来的平顶山;第三鞭下去,把下半截打到地底下去了,鞭梢子"铮"的一声飞起,落到山西省洪洞县大槐树底下去了。

光秃秃的鞭杆,还有碗口粗细,七丈七尺多长。老子把这根铁鞭杆往脚下的土岗子上一插,还露三尺多长,然后,骑上青牛,飘然飞起,往陕西的扶风去了。

就在修升仙台完工那天晚上,那赶山鞭自己又从地底下冒出来了,还是露在地面三尺多长。到唐朝的时候,高祖李渊尊老子为太上老君,人们就把升仙台改称老君台。从此赶山鞭和老君台就留下来了。

说到老君台,自然也少不了圣泉井的传说。在国家级重点文物保护单位——老君台,有一口闻名遐迩的古井,名叫"圣泉井"。

圣泉井原是一口古老而普通的水井。据传,这口井是老子和他的弟子们一起挖掘而成的。当年,青年老子在这里开馆授徒时,就吃用这口井里的水;以后,老子告老还乡,在这里一边聚坛讲学,一边修身炼丹。无论是吃是用,还是炼丹,也都使用该井之水。只不过,它当初并不叫"圣泉井"而已。

可它为什么又叫"圣泉井"了呢?说起来还真有一段古老的民间传说哩。

春秋末年,老子从周王室"蓬累而行",回到故里,就在鹿邑城东门内开馆收徒,讲道授德。

老子在这里修道养德,开炉炼丹,天长日久,他的道德修养达到了最高境界,加之吃了自己炼成的丹药,就修成了正果。这一天,老子要驾鹤升天了,临走之前,他在告别了乡亲友徒之后，又来到自己拴在井台边的青牛身边。是的，他要和自己的坐骑告别。

这头青牛生性聪明，颇通人性，又加之它与老子朝夕相伴，耳濡目染，也有了一定的道行。当下，它见老子就要仙蜕升天，也很想和自己的主人一起飞升，只是可惜自己还没有能够修成正果，仍然还是血肉之躯，难以如愿以偿。当下，它见主人不忘旧情，临行之前，还专门前来向自己告别辞行，禁不住泪流满面，直冲着老子可劲儿地摇头、摇头。同时，它还望着老子"呼哧"、"呼哧"地直喘粗气。

此刻，老子"心有灵犀一点通"。他走至近前，轻轻地抚摸着自己心爱的青牛，便禁不住喉头一酸，潸然泪下。心中暗自想到："唉……这头青牛……在家与我为伴，出外为我代步……辛勤一生，忠贞一世……鞠躬尽瘁，无怨无悔……"难割难舍之下，老子直起身来，高高举起手中的那只原是用来装盛仙丹的宝葫芦，仰天长叹："天啊！今日我走之后，有谁再来照顾青牛的吃喝？又有谁再与青牛早晚相伴？怎么办？怎么办？"

老子想啊，想啊……突然，不知为什么，他手中的那只宝葫芦就自己倾斜下来，将一葫芦仙丹全都倒进了井里。仙丹倒尽之后，那宝葫芦似乎还是"不依不饶"，拿也拿不动，扶也扶不直，并一股劲儿地向外流水。宝葫芦流啊流啊，流啊流啊……井里满了，水就向外溢，向外淌，向外流……时间一长，就流成了池，流成了泉。更令人奇怪的是，那个被水流冲成的水池，形状竟然和老子的那只宝葫芦一模一样，这就是后来人们传说中的所谓葫芦池。

当年，那"泉水"流啊流啊，流经青牛的身边，那青牛就

无为 老子

去舔，去喝。谁知那青牛喝了这种泉水之后，发现它不但能够解渴，而且可以止饥。于是，自此以后，那青牛渴了喝泉水，饿了也喝泉水。日出日落，花开花谢，天长日久，青牛靠着喝这"泉水"，加之努力修炼，终于修成了正果，结果也蜕变成仙，到天上和自己的主人——"太上老君"团圆相聚去了。

到了汉代，老君台就成了著名的道观，常有道士在此修身养性、烧炼仙丹。

日月如梭，时光如水。岁月沧桑，唐代隋兴。唐乾封元年（公元666年）二月，唐高宗李治经过充分准备，带着满朝文武百官和皇后武则天，来至谷阳县（时属亳州，即今河南省鹿邑县），到赖乡曲仁里（老子诞生处，即今鹿邑县太清宫镇）寻根问祖，朝谒老子庙（即今太清宫）。就是在这次朝拜后，唐高宗李治追尊老子为自己的祖先，并追封老子为玄元皇帝、李母为先天太后；同时，他还下旨将谷阳县改为真源县。

唐高宗李治这次谷阳（鹿邑）之行，就是住在明道宫（时称奉元宫）中老君台前的迎禧殿。

唐高宗李治驻跸于迎禧殿期间的一天晚上，无意中听地方官——鹿邑县令说起"葫芦注水，聚而成泉"的故事。他听完之后，兴致勃发，立即站起身来，欲去古井旁一睹胜景。于是，他就让地方官员前头带路，亲率几位贴身随从，来到古井旁边。只见井水汩汩，涌流而出，继而流向离井不远的葫芦池……唐高宗李治看罢，甚觉稀奇，命人取来井水一尝，顿觉甘甜清冽，沁人心脾，随赐名曰"圣泉井"。

宋代好道，宋真宗赵恒又是历史上一位著名的"崇道皇帝"。他曾任用大臣丁谓，在各地大建宫观、寺庙。大中祥符七年（公元1014年）农历正月十五日，宋真宗赵恒"帝发京师"，十九日至鹿邑（时称卫真县）城内的奉元宫（即今明道宫），斋于迎禧殿。二十一日，"帝服通天冠，绛纱袍"，奉上"太上老君混元上德皇帝"加号册宝。夜漏上五刻，天书扶持使奉天书赴太清宫。二鼓，"帝乘玉辂，驻大次"。三鼓，奉天书至太清宫升殿，"改服衮冠"，行朝谒之礼。相王元偓为亚献，荣王元俨为终献。祀老子于太清宫，加封老子为"太上老君混元上德皇帝"。宋真宗此次鹿邑之行，刻立了"大宋重修太清宫"碑、"先天太后之赞"碑、"会真桥记"等碑刻，诏改奉元宫为明道宫。同时，他还留下了七篇关于太清宫、明道宫的诏文、册文和十一首关于老子的谒赞诗文。在此期间，他也听说了"葫芦注水，聚而成泉"的故事，激动万分，夜不成寐，随即起身下床，挥毫题写了"圣泉井"三个大字。

关于圣泉井，在鹿邑当地还曾流传着这样一个美妙的传说：

在很久很久以前，有一个八旬老人，身患重病，苟延残喘，奄奄一息。在弥留之际，他向儿孙们提出一个要求：带他到老君台再上最后一炷香。他的儿孙们都很孝顺，于是便不顾路途百里之远，用一辆手推车，你推一会儿、我推一会儿地把老人送到了老君台前。接着，几个人又扶的扶、搀的搀，架着老人让他到老君台上拜祭烧香，祈福纳祥。也许是太过劳累的缘故，及至老人下得老君台来，便觉又饥又渴。他的儿孙见此处离街面较远，加之手中没钱，无奈之下，只好到这口井边取来一瓢冷水，暂时为他解渴。谁知老人喝了这瓢井水之后，奇迹一下子出现了。不大一会儿之后，老人

无为 老子

的病情突然好转,继而精神抖擞,浑身来了力气。一个时辰过后,这位老人便病体痊愈,恢复了健康。

后来,这件事越传越远,越传越神。远近的人们谁家有人生了病,就到老君台来打井水,用于治病救人,结果都是效果神奇,且屡试不爽。加之千百年来,圣泉井经久不败,长流不息。故而,直至现在,仍有不少的信徒香客前来此求取井水,言说圣泉井水可以"有病治病,无病健身"。

再后来,人们为了取水方便,还在圣泉井前面的葫芦池上修了一座小桥,并为它取了一个好听的名字,叫做"圣水桥"。

老子散丹

治病行医向来是医生的工作,对于作为一名学者的老子来说,除了传学授道之外,也会担起救人治病的工作不成?在一年瘟疫来袭时,老子又做了哪些善举来帮助穷苦人民脱离病魔的折磨呢?

有一年,函谷关一带突然发生了瘟疫,人一染上,轻的上吐下泻,重的很快身亡。不久,当地就病死了很多人。新坟林立,哭声遍野,很是凄惨。周围的郎中也没法子。

老子听说后,急得坐立不安。正在这时,徐甲跑进来气喘吁吁地说:"先生,刚才我正在给青牛喂草,青牛不但不吃,反而来回走动,不大一会儿从牛嘴里吐出这团肉乎乎的东西。"徐甲说着便将青牛吐出的肉团递给老子看。

老子看过后,高兴地说:"有本书上说这肉团清热解毒,能医治瘟疫，咱正好试试，若能医治好百姓的疾病，那真是福从天降呀！"于是，老子又认真配了几味中药，有的用文火熬，有的用瓦片焙，有的精心研磨成粉。一连几天，老子都没有合眼。一直到正月二十三这一天，药丸终于制出来了。

说来也巧，患病的人喝了老子炼制的丹丸后，病也都随之好了。函谷关一带的百姓感激不尽，扶老携幼络绎不绝地来向老子拜谢，说老子是上天派来的救世神仙，到人间来为百姓消灾治病来了。

从那以后，函谷关一带的人每到正月廿三，家家户户都用黄表纸剪成牛和药葫芦贴在门上，纪念老子。当地还流传着一首民谣：

正月二十三，

老君散仙丹。

家家贴金牛，

岁岁保平安。

为了答谢青牛，后来当地人在函谷关内修建了一座庙宇，叫"青牛观"，把青牛当做神年年供奉。《西游记》上说老子成仙后，在天庭炼金丹，孙悟空偷吃金丹成了刀枪不入、火攻不化之躯的故事，想必也是从此引申的。

老子骑着青牛出了函谷关，继续和徐甲一同往西而去。

这一天，老子和徐甲来到亚武山下，老子下了牛背，对徐甲说："甲儿，咱们就在此暂且歇息一会儿再走吧。"

徐甲把牛赶到一边吃草去了。

再说，这亚武山的祖师玄武，一心修仙养道，已经整整八年了，可还是未能修成正果，不免心中有些焦急不安。

无为 老子

当玄武听说老子要西行讲学，这亚武山是老子的必经之路，就每天在这里耐心地等候。他曾听说过，当年楚国，一位久修不成道的道士，被老子送他一木一石而点化成仙的事。于是，玄武就想让老子也能为他讲讲道学。

当玄武在山上远远望见老子骑着青牛缓缓走过来时，心中十分高兴，他赶紧来到山下。他想，我要是将老子骑的青牛藏起来，他就会留下来为我讲道。于是他趁徐甲在山上玩得正高兴的时候，就悄悄走过去把青牛拉着藏在树丛里。然后走上前来，恭恭敬敬地向老子施礼道："听说您老人家前来，弟子在此恭候多日了。"

老子抬起头来说："想必你就是无量了。""弟子正是，弟子想请您老人家在此为我讲经说道。"老子望着高峻的亚武险峰道："这里危峰高耸，哪里有我安身的住处。""先生放心，弟子定会为您寻找个安全的住处。""那好，可这山高路险又怎么上得去呢。"

"我背您老人家上山。"玄武说着弯下腰。老子想试试玄武是否诚意，也就随口答应让玄武背着上山。

玄武背着老子一步一步吃力地往山上走，累得他上气不接下气。

看玄武累得那样子，老子就说："咱歇会儿再走吧。"

"没事儿，我能行。"玄武硬是坚持把老子背到山腰一个平台的地方。老子望着满山迷迷蒙蒙的云海、郁郁葱葱的树林，就笑着说："亚武山，山静水清，是个修心养道的地方，就在这儿住下吧。"

玄武就在此处搭了一个结结实实的草房子，请老子在此住下，每天聆听老子讲经说道。

玄武从山上采摘来许多鲜桃,与老子共同品尝。

后人就把当年老子为玄武讲经的地方称做"会仙台"。他们扔下的桃核,变成了"桃核峰"。

被玄武藏起来的青牛,后来被亚武山下一个年轻后生发现了。他见这头牛闲着,就取来犁和笼头,让这头牛耕起地来。传说这青牛力大无比,纵横几千里,行走如飞,不多时间就把黄河、渭河一带的地全耕完了,正在向亚武山回耕的时候,犁尖一下子被华山挂住了,青牛奋力一拉,犁绳被拉断了,牛卧下再爬不起来了。这牛后来就化做了一座大岭,在灵宝豫灵万回村的玉溪涧西边,人称"牛头岭"。在华山半山腰挂着犁的地方,现在仍留着痕迹,被称做"老君挂犁处"。

智者圣人

> 过去的圣人多生于乱世,所以,他们会成为圣人。比如老子,在古圣先贤之中,他也是一位大哲学家,他的哲学是从混乱的人间体悟出来的。他生活于混乱的社会,所以他能体会许多人生险恶的世态,而他又能从中透悟真理,这才是真正大彻大悟的圣人。

老子在日常生活中的待人接物,无不具有教学的风范,比如有一位自认广闻博学的士成绮,经常听别人赞叹老子具有超然高尚的智慧,心想:难道还有人比我聪明、比我更有智慧?

无为 老子

因为大家对老子的评价那么高,所以,他就登门拜访老子。

当他来到老子的住处,一见老子,他就说道:"我经常听人称赞你是大智慧的圣人,所以,不畏路远迢迢地到此拜访。但是,我见到的和听到的却不一样,走进你的住处,我觉得好像进入老鼠洞一样,满地丢弃的蔬菜,一片杂乱,你不懂得调理生活环境,枉费我不远千里来此,而你竟然是这么糟的人!"

老子听了像木鸡一样,毫无反应。来访者骂完了返身就走,但是,他一直回想,心里觉得很奇怪——我对着人人称为圣人的老子破口大骂,把他比做老鼠,把他的住处比做老鼠洞,他一句话也答不出来,我应该颇有胜利之感才对,但为何我心里有失落感?不觉得自己赢过他,这是什么道理?

当天晚上,他一夜失眠,隔天一早又去拜访老子。老子的表情和昨天一样,并无愠怒之色,也没有排斥他的表情。

来访者坐在老子面前问道:"昨天我说了很多无礼的话,但是你一点儿也不生气。我自以为胜利了,可是心里却若有所失,这是什么道理?"

老子这时才开口说:"真正体会人生之理的人,他把一切生物平等看待,不管是牛、是马、是狗、是猫,或者是老鼠,这和人有多大差异呢?所以,不管你把我比做什么,我都不觉得是侮辱,因为生命之体是平等的呀!"

士成绮听了顿有所悟,他赶紧把座椅移到一旁,不和老子对坐,他觉得老子太伟大了,而自己忽然变得卑小幼稚,因此,他不敢正视老子的眼神,所以把椅子移向旁边。

他又继续请教说:"要如何才能真正体悟真理?"

老子回答说："你昨天来时摆着架势，两眼露出凶光，好像要和人家打架一样，由此可知你的心气浮动。要知道，自以为很了不起、傲视他人，只喜欢与人辩论，则其心念必然不得自在。人人都有纯真的本性，本性一乱，处处要向他人挑战，则心中已有自性之贼，你最好回家之后把心静一静，然后把自性之贼抓出来，再好好培养你的无求无怨的善念。恢复纯真的本性时，所谓的马、牛、猴、狗、猫……都是平等的，一切浑然忘我、体悟无我的境界，则能和大自然融合成一体。"

这是古来受人所崇拜的大哲学家——老子的故事，他出生于浊世，所以能够悟透人性的道理。但是，现代人，人人丰衣足食，却也昏昏然若有所失，因为，很多人迷失本性、无法真正寻回自己的良知，故浑然忘记自我。这不是破我执、体悟圣人之境的超然忘我，两种境界完全不同。

学佛便是要学得破我执、灭我相，才能达到自然忘我的境界，才能和宇宙的真我融合。

老子不仅在成年之后变得很聪明睿智，就是在他小的时候他的聪明也是出了名的：古时候，曲仁里东头住着两户人家。两家中间只隔一道墙。东边那家有个十八岁的青年，名叫张暴；西边那家有个十六岁的少年，名叫李耳。

这年春天，有两只燕子飞到李耳家堂屋里，在二檩子上垒了窝，孵出了一窝小燕子。

小燕子长大一些了，从窝里走出来，在二檩子上走来走去。有一只小燕子不小心从二檩子上掉下来，落在地上，摔断了一条腿。

李耳看到断了一条腿的小燕子，十分可怜，疼爱地用手把它托起来，放在桌子上，用布条和线把那条伤腿缠好，又

无为 老子

搬个梯子,把它放到窝里。

小燕子腿上的伤好了,后来随老燕子一起飞到南方去。第二年,那只被李耳救过的燕子从南方飞回来,落到他家堂屋桌子上。李耳见那只燕子脖子上挂个小布袋,就把布袋摘下,撕开一看,是粒瓜籽。他把瓜籽种到园里。到了夏天,园里长出一棵甜瓜,秧儿青,叶儿绿,五股六杈十分茂盛。

离老根不远的地方,结了一个很大的甜瓜,金莹莹,黄灿灿,用手掰不烂,用锤砸不开,原来是个价值万贯的大金瓜。从此李耳家富起来了。

东邻的张暴见李耳救燕子得了金瓜,馋得口水淌了三尺长,他向李耳家提出来换房屋住两年。李耳不同意,张暴把眼一瞪,恶狠狠地说:"我对你说,你们要是不同意,往后你们别打算过安宁日子!"张暴是个心狠手辣、作恶成性的坏小子,他说要杀人也能做出来。李耳家的大人心慈怕事,为了不惹恼张暴,答应把房子和张暴换住两年。

这年春天,张暴住进了西院李耳家的堂屋,看见二檩子上又一窝小燕子已经扎全了毛。一只小燕子在二檩子上走来走去。张暴用黑布单子蒙住自己的头和身子,在对着眼的布上挖了俩小窟窿。这样,别人看不见他,他可以往外看见别人。他用一根小棍照二檩子上的小燕子用力一捣,小燕子掉了下来,摔到地上,断了一条腿。

张暴揭去蒙在身上的黑布,装出对断腿小燕子十分同情的样子,用手把它托起来,放在桌子上用布条和线把它的伤腿包扎好,又放到窝里去。后来小燕子的伤好了,秋天,它随老燕子一起飞到南方去了。

又一年的春天,那只被张暴故意摔伤过腿的燕子从南方飞回来了。张暴见它脖子上挂着个小布袋，从它脖子上取下来，撕开一看，也是一粒瓜籽。他高兴得大嘴岔子咧到两耳门那儿，赶快把瓜籽埋到地里。

夏天来了，地里长出一棵甜瓜，瓜叶绿，瓜秧青，五股六杈长得十分茂盛。离老根不远的地方结了一个很大的甜瓜，金莹莹，黄灿灿，用手掰不烂，用锤砸不开。对着太阳一照，里头有一点红艳艳的火光，像是一支蜡烛上燃烧着的火苗儿，好看极了。张暴高兴得肚里头都笑了。

他把金瓜拿到堂屋里，放到桌子上，只见金瓜的皮肉越来越薄，里头的火苗越看越清，整个金瓜就像一盏金黄的灯笼。张暴用手一摸，原来不是金子，是灯笼架上糊的一层黄纸。只听"砰"一声，灯笼纸着了起来，火苗子一蹿老高，霎时扑满整个屋子，连门口也给堵住了。张暴的头发烧着了，衣裳烧着了。他在屋里东一头西一头，乱撞乱碰。当他从屋里跑出来的时候，已经烧得焦头烂额，不成人形了。三间屋子也着完了。

这时候，村上岁数最大的老五爷拄着小棍走过来。张暴哭着问老五爷，这到底是怎么回事。老五爷说："种瓜收瓜，种火收火，你心里明白，不用问我。我劝你以后要学李耳，学李耳，不是光学个外皮儿，要学他的心。"说完，拄着小棍走了。

见素抱朴

在老子的《道德经》里，老子曾经说过这么一句话："见素抱朴，少私寡欲。"这里的见不是看见

无为
老子

的意思,而是呈现、表现的意思,而素是指还没染色的生丝,意思是说未加修饰的质朴状态。整句话的意思是说,外表纯真,内心质朴,减少各种私心欲望。那么,对于这句话,老子又是怎么得出来的呢?

老子辞官之后四处讲学,他的弟子因此也是遍天下,有一次他在给学生讲课的时候,一个学生提出:"先生,你上次讲人应该抛弃各种虚伪和狡诈,那么又要如何来做呢?"

老子听完说:"做到这一点首先应该减少各种私心欲望,保持内心的纯真与质朴。这与你刚才问的问题其实是一个意思的,只不过要分别从正反两个方面来讲罢了。在这里我就不多说什么了,我找一个弟子来说一下。"老子说完环视了一下坐在下面的众弟子,然后看向尹喜说:"尹喜,你能否用一个故事来说明这句话的道理呢?"

尹喜听到老子点名非常高兴,他低头沉思了一会儿,然后说:"有这么一个故事,说有一个人在一个大国当了大官,可是这个人家里的生活却是非常穷苦,一家人常常饿得嗷嗷叫,因此有人便去对这个国家的国君说,这样一个有道之人,在你治理的国家里,你竟然让他饿肚子,这种事如果传了出去,那么别人会说你不尊重人才的。国君听完这话赶紧派人给这个大官家里送去了粮食。但这个人却再三推辞,怎么都不肯接受。送米的官吏没办法,只好又带着粮食回去了,等送米的官吏离开之后,这个人的老婆便对着他捶胸顿足地哭了起来:'这日子简直没法过了!人们都说,当大官的家眷个个都是穿金戴银,吃的都是山珍海味,老婆儿女都能跟着他享受无穷的荣华富贵。可是你看看我们,你当了大官之后我们依然饿得面黄肌瘦,没有一点改变!现如今,别人给我们送来了米你还在那里摆样子,你不是存心跟我们过不去吗?天啊!我的命怎么就这么苦啊!'这个人听得很不耐烦,就对他的老婆说:'你真是头发长见识短!主公并没有真正地了解我的情况,他只不过听了别人的几句话就给我送粮食来,如果我这次接受了,难保有一天他不会再因为别人的几句话而加罪于我。生活贫困没有什么关系,但不要因为一些小恩小惠而给自己惹来杀身之祸啊!'他的老婆听完他这么说,也只能闭上嘴巴不再哭闹了。"

老子与众弟子听完尹喜讲的故事后说:"这个人能在极端贫困的情况下,还能坚守大道,抵制这些小恩小惠的诱惑,这就是我们说的'见素抱朴,少私寡欲'的功夫。大家明白这个道理了吗?"

众弟子点头称是。

老子见弟子明白了这个道理之后,又开始讲:"一个人要想保全自己,必须要学会'委曲'、'屈就',委曲能让人保全,屈就能让人伸展。这就像是低洼反而能充盈,敝旧反而能生新,少取反而能多得,贪多反而会迷惑一样。事物各性质之间的对立是有统一的关系,可惜太多的人却执迷于其中的一面,特别是执迷于有正面意义的一面。比如说满啊,多啊,得啊,新啊,等等,而忽视其中有负面意义的另一面,比如亏啊,少啊,失啊,旧啊,等等。尹喜,你说是吗?"

尹喜听到老子对他说,他忙说道:"是的,其实负面意义的一面,比如这里说的曲、枉、洼、敝、少等,不仅有自

无为 老子

身的意义与价值,而且还可以转化为正面意义的一面,比如全、直、盈、新、得,等等。"

老子又接着讲:"这就像人不能表现得太嚣张一样。不自我表露,反而能显扬;不自以为是,反而能彰显;不自我夸耀,反而能见功;不骄矜自大,反而能长久一样。"

有一个弟子有点不明白地反问:"请问先生,人如果不自大,岂不是过于自卑了吗?"

老子听完笑了笑说:"这里的自大并非自信,而是自以为是,以为天大地大自己最大!人如果太张扬,就会引起别人的嫉恨,结果不仅会影响自己的发展,而且还给自己带来许多不必要的麻烦;相反,如果一个人不那么张扬,因为他不与人争,所以便能很容易地赢得别人的信任与帮助,结果反而有利于自己的发展。这就是'不自见,故明;不自是,故彰;不自伐,故有功;不自矜,故能长'的道理。"

尹喜听完说:"像先生你这样境界高远,学识博大精深但还这么谦虚的人真是太少了。"

老子笑笑着说:"你不要这么夸我,夸多了我也会骄傲的。"老子说完又讲了这么一个故事:"有一个富家子弟,有一天在驾驶马车的时候经过一个农夫的田地,由于这个富家子弟不停地在马车上敲鼓玩耍,从而惊吓了在农田干活的黄牛,黄牛跑出田地不一会儿的工夫便不见了踪影,于是农夫便向县衙状告那个富家子弟,并提出了惊人的索赔额。有位自以为是的状师受了富家子弟的委托,便去跟这个农夫打官司。按照法定的程序,县官在审理双方前,双方可以先在私下解决,如果解决不了,再上县衙让县官来断案。于是状师与农夫便来到一处茶楼里面，双方心平气和地展开磋商。状师像一只老狐狸一样，用一番狡黠的谈吐，又劝又吓，声称要是上了县衙农夫必输无疑。农夫被对方弄蒙了，于是答应私下调解。接着状师又使出浑身解数讨价还价，农夫有些招架不住，最后答应富家子弟按原先索赔额的一半赔偿。当农夫在调解的状纸上签了字并拿到了赔偿金后，状师为自己的成功高兴得跳起来，他自命不凡地对老农夫说：'你真是一个没见过世面的乡巴佬儿，我略施小计，你就乖乖地束手就擒了。实际上要是上了县衙我非输不可，但没想到几句话就把你吓得同意调解了。你活该少得了一半的钱！'农夫听完没有生气，反而笑呵呵地说：'是吗？我告诉你，年轻人，我可不是听了你的花言巧语才同意调解的，本来我就担心上县衙我会输，因为今天早上我家那头公牛又回家了。我现在白得了一大笔钱！'"

众弟子听完老子讲的故事后都哈哈大笑了起来，老子见状说："这状师傲慢自大、自以为是，结果却自讨苦吃，狠狠地栽在老农夫的手上，这就是自见、自是、自伐、自矜的后果啊！大家可千万记好了！"

德善德信

很多人在对待善良的人的时候，都会很好地善待他们，可面对那些不守信用、不善良的人，却往往没有什么好脸色看。在老子那个时代里，老子却主张，对待善良守信之人需要好好善待，但同样在

无为 老子

对待那些不善良、不守信的人也要好好善待,那么,老子的这种主张又是怎么回事呢?

老子在一次讲课时对学生们说:"善良的人,我善待他;不善良的人,我也善待他;这样就可以使人人向善。守信的人,我信任他,不守信的人,我也信任他,这样就可以使人人守信了。"老子的这句话即是所谓的即实现善,即实现诚信。

尹喜听完不解地问:"那些不善良、不守信用的人本身就不是什么好人,对这样的人避之还不及呢,为什么还要善待、信任他们呢?我们难道不应该对这样的人加以鄙视吗?"

尹喜说完此话,有不少学生附和称是。老子看了一眼下面的学生,然后说:"善待不善良的人,就有可能使他感动,从而良心发现,重新变成善良的人,这样久而久之,便不会有人再作恶了,人人就可以向善了;同样,信任那些不守信的人,结果也能使人人守信。相反,如果我们不善待也不信任这些人,那么就有可能使他们心存怨恨,从而破罐子破摔,永远也不会变回善良而守信的人了。这就是'善者,吾善之;不善者,吾亦善之;德善。信者,吾信之;不信者,吾亦信之;德信'的道理。"

"原来如此。"众弟子听完老子的话纷纷点头称是。"那么,请教先生,你能不能再对此讲一个故事呢?"其中一名弟子起身问道。

老子笑了笑又点了点头说:"有这样一个故事,有一位将军叫楚公,有一天楚公驾车出游,没想到走到半路的时候,车子就坏了,而且右边的那匹马还挣脱了缰绳,跑掉了。于是楚公就带着随从到处找马,结果在岐山那里发现当地人把他的马抓了起来，而且还把马杀了正煮着吃呢。随从一见，'哗啦'一声都亮出了兵器，喊叫着要冲过去杀死那群流氓。楚公赶紧拦住他们说：'算了算了，不就是一匹马吗，我听说如果吃了马肉不喝酒的话，就会伤身体，你们赶紧回去，给他们弄点酒来。'随从见到楚公态度坚决，只好心不甘情不愿地把酒拿来。那些人看楚公这样，惊讶之余，感动得一塌糊涂。第二年，楚公与敌人在韩原那里展开了一场大战，楚公战败退走，敌人在后面驾车紧追不舍。眼看楚公快要被敌人抓住的时候，曾经在岐山吃过他马肉的那些人突然从路边杀了出来，拦住了楚公的敌人，并在车下全力保护楚公。结果在那些人的舍命保护下，楚公终于脱险了。"

老子讲完之后又看了大家一眼说道："岐山的那些人不仅抓住了楚公的马，而且还煮了吃。对此楚公不但不责怪他们，而且还怜惜起他们的身体来。结果那些人感动了，因此在危难的时候，他们也就愿意对楚公舍命相助了。这就是所谓的'善者，吾善之；不善者，吾亦善之；德善。信者，吾信之；不信者，吾亦信之；德信'的道理。"

有一个弟子听完之后说："这说明楚公懂得保养自己的身体，请问先生，人是否对自己的身体保养好了，就能长寿了呢？"

老子听完说："人对待自己的身体固然需要好好保养，但万不可过分地保养身体，如果一个人过分地保养身体，那么他便会走上刻意妄为的死路的。为什么会这样呢？这是因为他们保养得过分、过度了。"

"怎么会这样呢？难道我们过分爱护自己的身体反而不

无为 老子

好吗?"另一名弟子不解地问道。

"正是如此,这就是为什么许多富人的物质生活丰富了,却常常比穷人死得早,他们早死不是因为吃得不好,而是因为他们吃得太好了。"

尹喜听完惊讶地说:"不会这么夸张吧。难道每天吃萝卜咸菜反而比每天吃大鱼大肉活得更久吗?"

老子说:"人的身体也是自然的一部分,它有自己的运行规律,如果我们刻意去保养或改变它,反而违背了自然规律,结果死得更早。其实人的寿命要长过百岁,但由于人违背了自然规律,行走方式从四肢爬行变成了双足直立,这些变化对人来说虽然是必需的,但毕竟违背了自然规律,因此就影响了人的正常寿命。另外,人们的生活越来越好之后,人就越来越刻意地保养自己。由于吃得好,消化功能、咀嚼能力大幅度下降,人的神经系统高度发达,于是人有了喜、怒、哀、乐、忧、思、悲、恐等情绪,这些情绪的变化无常也大大地影响了人的正常寿命。"

尹喜听完之后说:"先生讲得真是太好了。是的,人自从脱离自然界后,违背自然规律,不仅刻意地改变自然赋予他的行动方式,还过分地保养自己,结果自然就走向死路。"

老子听完尹喜的话,满意地点了点头说:"正是这样,所以我才不厌其烦地提醒人们回归自然,回归到动物那种无知无欲的状态。"

老子说完这话之后,另一名弟子站起来问:"请问先生,那我们要如何才能做到无知无欲呢?"

老子听完点头说:"想做到无知无欲其实就像是开关一扇门窗一样。塞住嗜欲的孔窍,堵住嗜欲的门径,终生就没有烦劳的事。打开嗜欲的孔窍，增添纷杂的事件，终生就不可救药。"老子看了一眼众位弟子后又说："通往人的耳目口鼻等孔窍，有着各种各样的层出不穷的嗜欲，人如果不懂得节制，任由这些嗜欲像洪水一样泛滥开来，那总有一天会被这些嗜欲吞没。"

尹喜听了说："我也得提防这样的洪水啊！"

众弟子也纷纷表态，老子点头又接着说："有这样一个故事，非常能说明这个道理。在南海那里，住的帝王叫儵，在遥遥相望的北海那里，住的帝王叫忽，而在中间的那一片海域，则住着叫混沌的大帝。儵和忽跟人一样，眼耳口鼻等孔窍非常清晰，但混沌像他的名字一样，混沌一片，整个身体没有任何孔窍。儵和忽生性活泼，喜欢吃喝玩乐，所以他们俩经常相聚在混沌住的那片海域，找混沌一起玩儿。混沌虽然不好动，也不喜欢玩，但儵和忽每次来的时候，他都非常友善地对待他们。儵和忽很感动，于是想找个机会报答他。有一天，他们又来到混沌那里，当他们看到混沌整个身体都没有任何孔窍的时候，很替混沌难过，他们对混沌说：'人人都有眼耳口鼻等七个孔窍，用来看、听、吃和呼吸，可混沌大哥一个孔窍都没有，他一定感到很憋气，很难受！'于是儵和忽就商量说：'混沌大哥对我们哥俩这么好，我们没什么可以报答他的，那就让我们帮他凿开七个孔窍，让他能像正常人一样快快乐乐吧！'于是儵和忽就开始在混沌身上凿，他们日夜操劳、废寝忘食，一天给混沌凿一个孔窍。等七天过去了，七个孔窍终于凿完，当儵和忽高高兴兴想为混沌祝贺的时候，却发现混沌已经死了……"

无为 老子

老子讲完这个故事之后,看了一眼众人,最后笑了笑对大家说:"这个故事说明了'开其兑,济其事,终身不救'的道理。大家可一定要牢记!"

无道无亲

老子主张"无道无亲,常与善人",这里的无亲并不是没有亲近的人的意思,而是指没有偏爱。整句话的意思是说,按照自然的规律,也就是道的规律,没有偏爱,常亲近有"德"的人。那么具体又是怎么回事呢?老子又会如何对众位弟子来解释这个意思呢?

有一天老子在讲道的时候,有一位弟子说,他有两个朋友,一个家境富裕,一个家境贫寒。那个家境富裕的人不但遇事处处顺心,而且过得也非常快乐。而另一个家境贫寒的人处处遇难,感觉遇到点芝麻大的事都很难过去,为此这个家境贫寒的人常常抱怨上天对他不公,凭什么别人能过这么优越的日子而他却处处受苦。而老子的这名弟子也对这个家境贫寒的朋友深感同情。

老子听完这个弟子的话之后,就此事展开了他的观点,他对大家说:"道没有任何的偏心,只要你是一个有德的人,它就亲近你、呵护你。"

尹喜听完就问:"那怎样才是一个有德的人呢?"

老子说:"有德的人,就是尊重自然规律、按自然规律办事的人，只要你这么做了，天道就支持你、帮助你。"

尹喜听完又问："那么先生能讲一个故事来说明这个道理吗？让我们更容易理解。"

老子点了点头说："有一个故事说，齐国有个姓国的，富得流油，而宋国有个姓向的，却穷得叮当响。于是向氏就向国氏抱怨说：'老天真是不公啊，我穷得叮当响，你却富得冒油！'国氏说：'我富是因为我擅长偷盗，偷了一年，我就自足；偷了两年，我就富余；偷了三年，我就阔绰起来！此后，我就可以救济那些贫困的街坊邻居了！'向氏没想到有这等好事，于是回去后马上翻墙入室，偷起别人的东西来，结果过了没多久就被抓了起来，不仅家产被充公了，而且还被人们狠狠打了一顿，扔在了大街上。于是向氏就哭哭啼啼地去责怪国氏：'你骗得我好苦啊……'国氏听完向氏的哭诉，就对他说：'你这个人啊，真是太傻了。我说的偷盗不是偷别人的东西，而是偷天地万物自然生长出来的东西。我偷来了山泽孕育我的庄稼，偷了云雨滋润我的禾苗，偷来牛马耕种我的田地，偷来鱼虾丰富我的饮食，偷来木石筑起我的房屋……我偷的这些是天地自然生长的，所以就不会有灾祸；可你偷的却是别人的金银财宝，这些东西都不是自然生长的，当然会带来灾祸了！'向氏听了，更加糊涂了，还以为国氏又在蒙骗他，于是就向东郭先生请教，东郭先生说：'即使是我们的身体，也是偷得阴阳两气合成的，我们的身外之物就更不用说了。国氏的偷盗，是顺着自然规律而为的，所以不会有灾祸；而你的偷盗，违背了自然规律，完全是私欲膨胀的结果，因此当然会带来灾祸了。'"

尹喜听了说："原来还有偷天窃地这种道理啊！"

无为 老子

老子说:"这里的偷天地,是顺天而生的意思,也就是顺着自然规律从而享受到天地带来的恩惠,这其实跟'天道无亲,常与善人'的道理是一样的,也就是只要我们遵守自然规律,做一个有德的人,那天地就自然给予我们恩惠。"

老子讲完之后,另一名弟子又说起了一件事,他说他有两个邻居,一个能言善辩,一件事到了他嘴里,就是死的都能被他说活了;而另一个邻居与他恰恰相反,属于非常木讷不会说话的人。这个弟子一直非常喜欢那个能言善辩的邻居,认为那个不会说话的邻居不讨人喜欢。可是有一次,这个弟子突然发现一件事情,虽然是一件非常小的事情,却让这个弟子从此对这两个邻居的印象彻底改变了。

有一天,这个弟子走在路上,看见一名行乞的人,那个能言善辩的人不小心碰掉了乞丐的碗,碗在地上摔碎了。为此乞丐要求他赔偿,可他却利用自己的能言善辩将乞丐责怪了一通,到头来乞丐只能委屈地自认倒霉。这件事也被不善辩解的邻居看到了,他什么也没说,就放下了一些钱说,让乞丐重新再去买一个碗,并替他的那位邻居向乞丐道了歉。

从这件事上,这个弟子发现,并不是能言善辩的人就善良,看上去不言不语的人就不善良。

老子对这名弟子的总结很满意,他说:"其实真实的语言不华美,华美的语言并不真实。善良的人不巧辩,巧辩的人不善良。深入了解的人不广博,广博的人不可能深入了解。"

弟子有点不解,老子又详细地解释说:"真实的语言听起来总让人觉得刺耳,但是,正是这些刺耳的语言,才使我们认识到自己的缺点与不足,这就像药一样,吃起来虽然很苦，但却有利于我们的疾病。"

尹喜说："是的，良药苦口利于病，忠言逆耳利于行！"

老子点头称是，然后又说："有个故事是这样说的，有一个国君在宫里开了个宴会，宴请朝中的各位大臣。宴会中，这个国君喝了点酒，就趁兴问大臣们：'你们觉得我这个人怎么样？'大臣们听了，争先恐后地抓住这个难得的拍马屁的机会，积极热烈地歌颂起国君来，有的说他仁厚，有的说他聪明，还有的说他长得帅……这个国君听了高兴得合不拢嘴。突然，有位很忠诚的大臣起来说：'你是个烂人，当年攻打城池的时候，你的弟弟功劳最大，而且也最讲信义，但你却把那座城池封给了你的儿子！'大臣们听了，吓得目瞪口呆；这个国君听到有人不仅揭他的老底，而且还牛气哄哄地说他是个烂人，顿时气得嘴唇发抖。这位忠臣也不管国君的反应，站起身来走了。这时，另一位通晓事理的大臣站出来说：'我看你是一个贤明的主公，因为只有贤明豁达的主公，才有敢于直言相谏的臣子；现在既然他这么敢于直言，就可以说明你是一个贤明的主公了！'这话国君爱听啊，既受用又能提醒人。于是国君赶紧对他说：'那你看他可以追回来吗？'这位大臣说：'当然可以，因为忠臣不会因为说了真话就跑得远远的，他应该还在大厅外，我出去给你看看。'说完这位大臣就走出大厅，果然看见刚才那位忠臣一个人默默坐在大厅外，于是赶紧把他请回去。国君看见他回来了，就亲自站起来迎接，从此把他尊为上宾。"

老子讲完这个故事之后，让尹喜谈谈他的看法，尹喜说："这位国君要众位大臣们评价自己，其他臣子都把他

无为 老子

夸得像神一样,只有那一位忠臣一个人敢于直言。其他臣子的话虽然听起来舒服,但除了麻痹国君,使他骄傲自大之外,没有任何用处;相反,这位忠臣的话虽然刺耳,但却能使国君认识到自己的缺点,从而使他更加警惕自己的言行。这个故事讲的应该就是先生所说的'信言不美,美言不信'的道理。"

老子听完尹喜的话,对他的理解表示非常满意。就在这时,突然有人来报,说邻国一名非常有名的大人物前来拜访老子。众弟子得知之后,不禁感叹起来,说老子虽然并没有多少财富,却得到了天下最多的财富。因为在老子的弟子当中,上至达官贵人,下至平民百姓,对于老子来说,他不停地帮助别人,反而比任何人都富有。

等送走客人之后,老子就接着弟子的话说:"许多圣人没有自己的积蓄,他却尽量帮助别人,如此一来他自己反而更加富有;这说明尽量给予别人,自己反而会更加充裕。"

众弟子点头称是,老子又说:"现在的许多人啊,就像蚂蚁一样,一个劲儿地为自己聚敛财货,由于财货是有限的,于是在粥少人多的情况下,他们又不择手段地相互争夺,而争夺的结果往往是他们互相损伤,谁都占不到便宜。所以啊,圣人就不会像一般人那样,傻傻地聚敛财物,相反地,他会尽量地去帮助、给予别人,也正因为这样,他才是富有的、充裕的。"

尹喜听完老子的这番话之后不解地问:"为什么圣人尽量地去帮助、给予别人,自己反而更加富有与充裕呢?"

老子说:"很简单嘛,人都是有同情心的,你帮助别人,别人也帮助你;你给予别人,别人也给予你,结果你帮助、给予的越多，得到的帮助与给予也就越多，因而也就越富有与充裕。这就是'圣人不积，既以为人己愈有，既以与人己愈多'的道理。"

老子在讲完这个道理之后，又对大家讲："圣人做事的时候，只从别人的利益出发，去帮助、支持别人，而不会像一般人那样斤斤计较，总是与别人争夺名利。这就是'圣人之道，为而不争'的道理。"

有一名弟子听完之后不解地问："请问先生，这句话是什么意思呢？"

老子说："这句话的意思就是说，自然的规律，运行时有利于万物而不妨碍它们；圣人的道理，做事时帮助人们而不与他们争夺。我给你们讲一个故事，有这么一个国家，有位大臣叫宋成，在边境的一个县当县令，这个县和邻国接壤，两国的边防兵为了改善伙食，都在边境那里种起瓜来。这个国家的士兵很勤快，经常给瓜苗施肥浇水，所以瓜长得很饱满；而邻国的士兵就懒惰多了，从来不愿意照料瓜苗，所以瓜长得干瘪瘪的。邻国的县令看了很没面子，就把自家的士兵骂了个狗血喷头。士兵们觉得很窝囊，于是在一个月黑风高的晚上，他们偷偷地溜进对方士兵的瓜田里，把里面的瓜苗都踩倒在烂泥里。这个国家的士兵发现之后，叫嚷着也要冲进邻国士兵的瓜田，宋成知道了赶紧阻止他们说：'大家别乱来，这可是结仇的做法啊！别人使坏，你们也使坏，心胸未免太狭窄了吧？我告诉你们一个好办法，每天晚上轮流派人去，帮他们把瓜田也照料一下，这样他们自然就不会再乱来了。'士兵们听了尽管很不服气，但还是按县令的说法去做了。接下来的几天里，邻国的士兵发现自家的瓜

无为 老子

苗没来由地繁茂起来,惊奇之下就注意观察,终于有一天他们发现,原来是对方国家的士兵每天晚上都帮自己施肥浇水。邻国的士兵看到了赶紧向县令汇报,县令知道后很感动,于是就把这事告诉了他们的国君,他们的国君听了之后惭愧地对主管官员说:'这些士兵啊,真是把我的老脸都丢尽了!你赶紧去查一下,看他们还做过其他过分的事没有。唉,看看人家的士兵这么做,是在暗自责备我们啊!'为了表示歉意,邻国国君给宋成准备了丰富的礼物,并深切地希望能和他们国家结交。从此之后,这两个国家的关系就越变越好了。"

尹喜听完说:"宋成真是一个仁厚的君子啊!"

老子说:"是啊,邻国的士兵毁坏了他的瓜田,他不仅不进行报复,反而叫士兵帮助他们,这就是'圣人之道,为而不争'的道理啊。"

圣人辞世

任何人都是由生到死的,就连被称为圣人的老子也不例外,但对于老子来说,往往被加上了许许多多神话色彩,那么,对于老子的死,到底有哪些传奇的故事呢?

相传老子的寿命很长,一直活到一百六十多岁才去世,在老子去世的时候,邻里众人都前来吊唁。众人对老子的死都万分难过,众人都思念老子的好品性,怀念他顺民之性、随民之情、与世无争、柔慈待人的大恩大德，每当想起这些，众人都悲不自胜。

老子有位好友叫秦佚，秦佚在得知老子过世之后前来吊唁，他走到老子的灵台旁边，一不跪，二不拜，反而拱手致意，连哭三声立刻止住。当他做完这一切之后想转身离开回去的时候，他旁边的人出面拦住了他的脚步问："你难道不是老子的好朋友吗？"

秦佚回答说："我当然是老子的好朋友了。"

这人又问："你既然是老子的好朋友，又为何会如此的薄情寡意？你这样少礼数，难道合适吗？"

秦佚听完反问了一句说："有何不合适的？你倒是说来听听。"

这个人听到秦佚这番话，顿时大怒，他大声责问秦佚说："你这样做还有理了吗？我倒是想听听，你的理从何而来？"

秦佚听完不怒反笑，他说："我的好友老聃先生曾经对我说过，不要以出生为喜，更不要以死亡而悲。你可曾知道这个道理吗？昔日老聃先生出生时，也是由无到有，聚自然之气而来到这个世界上的，他是顺时而来的，也是合乎自然的道理，他顺其自然地来到这个世界上，又有什么可欢喜的呢？同样，现在老聃先生去世了，也是由有回归到无的境界，他曾经聚气而生，现在又是散气而灭，是顺时而去的，也是合乎自然的道理的，他如此顺其自然地离开我们，又有什么可悲伤的呢？那些因为出生而欢喜的人，是以为他不该来而来到才欢喜的，那些因为死亡而悲伤的人，是以为他不该死而死去才悲伤的。在出生的时候如此重视出生，在死的时候又万分地怕死，这都是以自己一个人的意愿而去强求出

无为 老子

生、强求死去的。这一切都是违背了自然之道,而任由自己的感情发泄罢了。如果能够做到安时世而顺其自然,则那些大悲大喜也就不能够控制我们的情感了。而现在要我去违背自然之道、违背天理,这样如何能够适合道义之理呢?如果不能适合道义,又如何能成为老聃先生的好友呢?凡是老聃的好友,都会遵从他的言论而行动,顺从道义而行动的人。我既然是老聃先生的好朋友,所以能够以理智来控制情感,所以才不会像你们这般悲伤。"

这个人听完秦佚的一番言论之后,好像有所领悟,转眼像又想到什么一样问他:"既然你不悲伤,那么你刚才为什么又去哭了三声呢?"

秦佚听完笑了笑说:"我刚才哭了三声,并非因为我悲伤才去哭的,而是与老聃先生辞别的。第一声哭声代表的意思是,老聃先生的出生是顺应了天意,顺应了自然而出生的。第二声哭声代表的意思是,老聃先生的去世也是顺应了天意,顺应了自然的轮回而逝去的。第三声哭声代表的意思是老聃先生的言论与思想流传在这个世上,是属于自然无为之道,合乎自然的道理。老聃先生出生是顺应了天意,现在死去又是合乎了顺其自然,老聃的举手投足之间,都顺应天时,合于大道,我为何要去悲伤呢?"

众人听到秦佚这么说,都纷纷点头,称赞秦佚才是老聃的真正至交好友,所以一致推举秦佚为老聃主葬的负责人。在老子下葬即将埋土的时候,秦佚读悼文说:"老聃大圣,替天行道,神游大同,千古流芳。"

还有一个传说,老子并没有去世,而是到了西域,并对西域实行教化,这就是所谓的"老子化胡"。汉桓帝延熹九年（公元166年）襄楷所上奏章中有"或言老子入夷狄为浮屠"的说法。《三国志·魏书》："浮屠所载，与中国老子经相出入，盖以老子西出关，过西域，至天竺教胡，及浮屠弟子合二十有九。"

另有传说老子到了今天的小亚细亚，同现在的基督教有一定的渊源。不过这是一种传说，缺乏历史依据。

大家知道，老子是死于扶风，葬于槐里的。老子既然是死于扶风了，为何还要葬于槐里呢？说起来，这可是大有原因的。

老子在秦国讲学的时候，在槐里住了一段时间。当时，他一面讲学，劝众人修养道德，一面亲身实行，抽空闲时间帮大家做了不少有益的事。那时，槐里是个很贫穷的小村庄。有一年，村子遭了雹灾，颗粒无收，村子的人无法生活下去，家家准备出外逃荒活命。老子劝大家不要外逃，要坚持在自己的家乡生活下去。当时老子自己生活很苦，全靠讲学弟子送些钱来维持生活。后来他为了扶贫济困，就把带在身边的如意钩卖掉，买了些粮食，给槐里村的人们分着吃。村里的人无不为之感动。

老子的房东是个名叫大黑的四十多岁的男人。这人中年丧妻，领着四个小孩无法生活下去。他本人又有病，没钱医治，就躺在床上等死。老子把自己身上的衣裳变卖成钱，用牛驮着大黑到十几里以外的地方去看病。山路难走，一路上老子吃了好些苦，还差一点儿掉到山沟里摔死。回来后，把熬好的药，送到大黑的嘴边。大黑接过药碗，感动得张嘴大哭。

老子助人为乐的事在村里传开了。大家都说他不是凡人，

无为 老子

他是上天派下的有德之人来替天行道的。有的说，他是个仙人，仙人下凡住到哪里，哪里人就有福享；仙人住哪里，如若这里人过得苦，以后就不苦，如若这里人过得好，以后会永远过得好。老子跟槐里的人建立了深厚的感情。

为了讲学，有一天，老子要离开槐里到外地去了。槐里的人不让他走，大人小孩都跪在老子的牛前边，哭着挽留他。他也很难为情，说："我也不想走，舍不得离开你们，可是为了外出讲学，我不得不走。别说了，让我走吧，以后我还会回来的，一定回来看你们！到那时候，我永远在这里，到死也不走了。"就这样，他们互相流着泪分别了。他说的"以后回来，到死不走"是一句安慰大家的话，他这一走本不打算再回来，可是槐里的人却把这句话深深地记在心里。

后来，老子骑牛来到了扶风。扶风当时也是个很小的村庄。老子来到这里，也像在槐里一样，一面讲学，讲德，论道，一面身体力行，为众人做些有益的事。他很快跟扶风的人建立了感情。就在这个时候，老子病了，病得很厉害，躺在床上不能动。村上的人都来看他，难过地围在他的床前，还把自己家里最好吃的东西送来让他吃。老子已经吃不下去了，病得茶水不进。人们拉着他的手，泪流满面。他呢，眼里噙着泪笑着说："别哭，人有生就有死，这是上天的安排。"他越是不让哭，人们的眼泪越止不住。老子说："人生自古都有死，这是没法子的事，我临死之前，没有啥话要说，只有一件事我放心不下，就是，槐里有个叫大黑的，一个男人，中年丧妻，领着四个孩子……真没法过……我腰里还有几个盘缠钱，托……托你们，把这钱……送给他。你们，要不肯送，我死了……也……没法合眼。"他断断续续地说完，用最后的力气把钱从腰里掏出来。

一个叫孩的年轻人说："送，我们一定帮你送。"老子看着这个年轻人，点了一下头。当年轻人接过钱往槐里走的时候，老子就合上眼和人间永别了。

年轻人送钱来到槐里，槐里的人听说老子在扶风病故的消息，一个个放声大哭，一致要求把老子的尸体运回来，葬在自己的村庄。槐里的男女老少一齐出动，到扶风去，围着老子的遗体痛哭，并向扶风的人要求把他的尸体运回槐里埋葬。

扶风的人问："为啥要这样？"

槐里的人说："我们不能看见他活着了；但是他死了，我们再看不见他的坟，心里多难受啊！他离开我们那里时，说一定会回来，到死也不走了。请让我们把他运回槐里埋葬，让我们天天看看他的坟墓吧！"

扶风的人不同意，坚持要把老子葬在扶风。槐里的人一齐跪在扶风人的面前，恳求他们说："请让我们运回去吧！若不然，我们，连我们的子孙后代都会永远难受的！"

扶风的人没有办法，只好同意了。

老子的灵柩要运回槐里去了。槐里的人抬着灵柩哭，扶风的人跟着灵柩哭，大家痛哭流涕，哀声一片。就这样，大家用当时最隆重的葬礼把老子葬在槐里了。

老子死后，他的学说越来越受到人们的推崇，后来逐渐形成了道家的学派。汉代被演变为宗教，这就是道教。老子被奉为教祖，由人变成了神。他写的《道德经》也成为道教的经典。就这样一直到了唐朝，老子的地位达到了前所未有、登峰造极的地步。唐太宗李世民自认是老子的后裔。唐高宗追封老

无为 老子

子为玄元皇帝,诏《道德经》为上经。唐玄宗时,诏各州府广置玄元皇帝庙,建立玄学,令生徒通习《道德经》。

天宝元年(公元742年),有一天上早朝的时候,唐玄宗刚刚上朝坐在宝座上,就听有人上奏,原来是陈王府的参军田同秀有事前来启奏,他上前之后说:"启禀万岁,微臣昨天晚上做了一个奇怪的梦,微臣梦见函谷关的丹凤门上紫气萦绕,煞是好看。微臣看见有人置于紫气当中,定睛一看原来是玄元皇帝飘然其中。我正要上前叩拜的时候,只听见玄元皇帝对微臣说:'我的藏灵符,在尹喜的故宅当中。'说完就不见了。微臣不解其意,特前来奏明圣上明析。"

唐玄宗一听心中大喜,他连声说道:"好梦!真是好梦!玄元皇帝托梦,又有祥云紫气,真是吉祥啊!"唐玄宗说完就下旨派人前到函谷的尹喜故宅去寻找灵符。

当众人奉命前去寻找的时候,果然,他们在函谷关尹喜故宅的西边挖出了一个"灵符","灵符"是用一个桃木制成的木片,上面用朱砂刻写着一个"十十十木"四个字,大家伙拿着这"灵符"你看看我,我看看你,都不知道这上面写的到底是什么。于是大家火速将"灵符"送往京城,呈给唐玄宗御览。

话说唐玄宗拿过"灵符"之后,也是左看看,右看看,上看看,下看看,前看看,后看看,看来看去也不认得,这上面到底写了些什么,又有什么意思。于是他召来满朝大臣,让大臣们逐一观看,大臣们看了之后也说不出个所以然来。后来,还是田同秀试探着说了句:"臣的看法不知对否,不敢妄言。"

唐玄宗那个时候只要有人能发现这"灵符"的奥秘,说给他听，哪怕只是对了一点点也可以，哪还管是否对错，是否敢言呢？他急忙说："你发现'灵符'有功，有什么话但讲无妨，朕恕你无罪。"

田同秀其实也是这么一说，只为了唐玄宗让他开口，于是他连忙说道："臣看此字像是古书的'桑'字，上面三个十字，下面一个十字，一个八字，合起来就是个四十八。"

经过田同秀这么一说，各位大臣们也都有所感悟。纷纷点头附和，称田同秀讲得在理。

唐玄宗听完田同秀的话之后嘀咕着念叨："四十八、四十八，玄元皇帝显灵了，保佑我四十八年。"

一个大臣听到了唐玄宗的话，高兴地大叫了起来，众臣也都附和着，说这是玄元皇帝显灵，送来宝符，可喜可贺。唐玄宗自然是更加高兴听到这样的话了，他听到群臣这般说道，也认为这是老子对他的恩赐，当即就把开元的年号改为天宝年号。并在一个月之后，将埋藏灵符的桃林县改为了灵宝县。当然，田同秀也因此而升了官。

这件事被后人记载在《资治通鉴》上，对于"灵符"一事，司马光同时写道"世人皆疑宝符同秀所为"。意思是说，大家都怀疑这件"灵符"事件，从头到尾其实都是由田同秀导演的，目的当然是为了升官发财了。

老子墓地

虽然我们前面讲到，老子是死于扶风，葬于槐里的，但这毕竟只是传说，在历史上，人们肯定不

无为 老子

会因为传说如此便信以为真,那么,老子的墓地到底在哪里呢?又有几个老子墓地呢?

河南鹿邑有一个老子墓,陕西周至也有一个老子墓,近来又有人说真正的老子墓在河南洛宁县城东的寿安山上,在洛阳西边几十公里处。河南洛宁古墓中出土的古石板书记载:"老子安土之寿安山、九星八光之地,四龙文字之开先。"又有古竹书《老子葬其造》中载:"老子葬寿鞍(安)山,其周所四龙围绕,五更有动景,波音造声彻天。"唐《博世澜言》载:"老子葬于佣(永,古时洛宁又称永宁)宁寿安山,当有三道佛地交会,清葬四龙扶位之穴。"北宋林灵素《水镜相术论》前言中载:"老君者李耳,卒葬于永宁之寿安山"等史料作支持。史料还说老子墓"龙吸乾喉,坐温沸泉"。

寿安山正是史料所说的四龙扶位之境。在这个墓的四周,分别是四条沟:东龙沟、西龙沟、北龙沟、南龙沟。其墓对照南天门,即从祖师墓往南望过去,正对着熊耳山上的中原南天门,又有乾龙沸泉,即此墓位置虽然较高,但是地下泉水很旺。

虽然此墓很像史料上所说的老子墓,却不幸遭到破坏。在寿安山上方圆几平方公里内,自20世纪八九十年代以来,前前后后共出现了二十多个砖厂,那些砖厂都是挖土做砖,几乎每过一段时间就会挖出一个古墓。有人看到祖师墓被人探墓后留下一洞,且墓北边被挖了一个大坑。

此墓是否是老子墓还无定论,至少还没有引起政府的注意。但不管此墓是否是老子墓,都应加以保护。

就目前所掌握的史料来说,只有老子西行出关的记载,没有东行入关的说法,所以老子墓在陕西周至的可能性大,在河南鹿邑及洛宁的可能性小，除非另有新的史料发现，否则这一结论难以推翻。目前所发现的史料只有一种记载：老子西行出关，赴秦讲学，死于扶风，葬于周至。

周至老子墓位于周至县楼观台西五华里之大陵山，东距古都西安七十公里，距周至县城十三公里，地处终南山北麓，就峪河绕陵而过，墓前有清代陕西巡抚毕沅题立的"老子墓"三字石碑。北魏郦道元《水经注》云："就水出南山就谷，北径大陵西，世谓老子墓。"唐玄宗李隆基时代，诗人岑参、温庭筠等在此拜谒留诗。周至楼观台有老子祠，祠内有讲经台、炼丹炉。

周至老子墓附近还有老子弟子尹喜祠、尹喜墓及尹喜佣人徐甲墓址。不过，河南鹿邑及安徽涡阳也有尹喜墓。据说涡阳尹喜墓其来源是，尹喜为报答老子教诲之恩，嘱其后人将其遗骸移葬于尊师故里。

老子去世之后，留给世人的《道德经》也造福了不少人，道教更是奉《道德经》为上经，那么老子的《道德经》在道教中起了一个什么样的重要作用呢？

老子在《道德经》中首先提出了道的概念，并进一步说明道是万事万物的本源，它无影无形，是物质的最原始形态。老子把有形的物质叫做有，而把无形的物质叫做无。天地日月、宇宙万物，是从无这种天地未开的混沌状态自然演化而来，没有任何外来因素的影响。不只是宇宙的创生，就是此后的宇宙万物的发展变化，也是按照自然的规律自然地演化。"有物混成，先天地生。寂兮寥兮，独立而不改，周行而不殆，可以为天下母。吾不知其名，强字之曰道。"所以，老子的道，最强调的是自然，并把这种思想应用于社会、治国、修炼养生，乃

无为 老子

至为人处世。在老子看来，人与社会也是自然的一部分，是宇宙万物自然演化的结果。"人法地，地法天，天法道，道法自然。"由此看来，老子是彻底的唯物主义者。

其次，老子论述了宇宙万物的相互关系和发展变化的规律，他认为宇宙万物的发展变化是从无到有，从简单到复杂。而其发展变化的根源是阴阳这对矛盾相互对立又相互依赖、相互作用的结果。"道生一，一生二，二生三，三生万物。"道即宇宙的最原始状态，即无；一即阴阳未分的混沌状态，是阴阳的统一体。阴阳虽然未分，但仍潜含其中；二即阴阳的分离和对立；三即阴阳的相互对立和作用所生成的新事物，如此发展变化下去，便生成了宇宙的万事万物。

老子还认为，阴阳这对矛盾是普遍存在的，"万物负阴而抱阳，冲气以为和"。冲气以为和，即阴阳二气互相冲突交合而成为均匀和谐的状态，从而形成新的统一体。并且老子还认为阴阳这对矛盾在不同的情况下有着不同的存在形式，"有无相生，难易相成，长短相形，高下相倾，音声相和，前后相随，恒也"。不仅自然现象如此，社会现象也是如此，"天下皆知美之为美，斯恶已；皆知善，斯不善矣"。意思是说天下人都知道美之所以为美，那是由于有丑陋的存在。都知道善之所以为善，那是因为有恶的存在。

短短几句话，老子就阐明了矛盾的普遍性、对立性、统一性、特殊性及其在事物发展变化中的作用。可见老子哲学是典型的辩证唯物主义哲学，说老子是全世界唯物辩证法的鼻祖，一点儿也不过分。

不仅如此，老子在《道德经》中关于自然界的论述正在被现代自然科学所证实。